【中国人格读库】

国家新闻出版广电总局
培育和践行社会主义核心价值观主题出版重点出版物

陈玉成传

高占祥 主编

罗婷 著

北京时代华文书局

图书在版编目（CIP）数据

陈玉成传 / 罗婷著 .-- 北京：北京时代华文书局，2015.8（2022.3 重印）
（中国人格读库 / 高占祥主编）
ISBN 978-7-5699-0549-6

Ⅰ . ①陈…　Ⅱ . ①罗…　Ⅲ . ①陈玉成（1837 ～ 1862）一传记　Ⅳ . ① K825.2

中国版本图书馆 CIP 数据核字（2015）第 215013 号

陈 玉 成 传
Chen Yucheng Zhuan

主　　编 | 高占祥
著　者 | 罗　婷

出 版 人 | 陈　涛
责任编辑 | 邢　楠
装帧设计 | 程　慧　段文辉
责任印制 | 訾　敬

出版发行 | 北京时代华文书局 http://www.bjsdsj.com.cn
　　　　　北京市东城区安定门外大街 138 号皇城国际大厦 A 座 8 楼
　　　　　邮编：100011　电话：010 - 64267955　64267677

印　　刷 | 三河市嵩川印刷有限公司　0316 - 3650395
　　　　　（如发现印装质量问题，请与印刷厂联系调换）

开　　本 | 787mm×1092mm　1/16　印　张 | 8.25　字　数 | 78 千字
版　　次 | 2016 年 1 月第 1 版　印　次 | 2022 年 3 月第 3 次印刷
书　　号 | ISBN 978-7-5699-0549-6
定　　价 | 35.00 元

社会主义核心价值观与中国人格

周殿富

社会主义制度在中国已经建立了六十余年，而我们党则在本世纪初叶提出了培育弘扬社会主义核心价值观的重大课题，显然是其来有自。

社会主义的道德风尚在新中国蔚然兴起，曾经那样地风靡于二十世纪中叶。邓小平同志曾经在改革开放中讲过，当年"这种风气不仅是中国历史上从来没有过的，而且受到了世界人民的赞誉"。然而可惜的是，这个在社会主义制度建立与实践中，同步兴起的社会主义道德风尚的成长道路，却是一波四折。半个多世纪以来，它先是与共和国一道遭受了十年"文革"的浩劫；接着便是全党工作重心转移到改革开放进程中，欧风美雨"里出外进"的浸洗濡染；再接着是西方"和平演变"在东欧得手的强烈震荡与冲击；最后又是市场经济中那两只"看不见的手"在搅动着、嬗变着人们的价值取向。至少在国民中出现了价值观上的多层次化，传统美德的弱化，社会道德文明水准的退化，光荣革命传统的淡化，这也许正是中央在本世纪初提出社会主义核心价值观的原因吧。

不管怎么"变"，怎么"化"，当我们回首来时路，却不能不说，中华民族真的很强大，很值得骄傲。人类经历了几千年的文明进程，堪称世界文化之源的"五大文明古国"，其他四大古国文明都已被历史淘汰灭亡，只有中国成了唯一的延续存在。近现代即使那般的积贫积弱，被西方列强豆剖瓜分、弱肉强食，想亡我中华都不可能，就连最强大的美帝国主义，最凶残的日本军国主义都成为我们的手下败将，而且打出了一个新中国，且跨过整整一个历史阶段，直接进入了社会主义。西方敌对势力几十年不遗余力地对新中国百般围剿，"冷战""热战""和平演变"手段用尽，连如此强大的前苏联乃至整个苏东阵营都被瓦解了，而社会主义的旗帜仍旧在960万平方公里的土地上高高飘扬，而且昂首挺胸地屹立在世界的东方，中国真的是太强大了。几十年来的瞩目成就，竟然令西方发出了"中国威胁论"。你管他别有用心也好，言过其实也好，总比让别人说我们是"瓷器"，是"东亚病夫"好吧？1840~1949年的一百零九年间，中国尽受别人的欺负、"威胁"了，我们也能让那些昔日列强有点"威胁感"，又有什么不好？更何况这是他们自己说的啊！我们并没吹嘘，也没有去做。几千年来我们侵略过谁呢？"反战""非攻""兼相爱，交相利"，中国古有墨子，近有周恩来、邓小平同志。这也是中华民族固有传统美德的延续吧！

生于忧患，死于安乐，这也当是中华民族的一个传统美德吧？几十年来尽管中国如此繁荣兴旺，但从邓小平生前一直到党的"十八大"以来，无论哪一届中央领导集体，从来都没有忘记过国之忧患。忧在何处，患在何处呢？

二十世纪八十年代末，邓小平同志曾经在半年的时间内四次提到：中国改革开放十年最大的失误在教育，在"对青年的政治思想教育抓得不够""对人民的教育不够"，足见他的痛心疾首。他晚年时又提到了"国格"与"人格"的问题，讲道："谈到人格，但不要忘记还有一个国格。特别是像我们这样第三世界的发展中国家，没有民族自尊心，不珍惜自己民族的独立，国家是立不起来的。"

（精装版《邓小平文选》第3卷331页。）

人们很少注意到邓小平的这一段话，但邓小平恰恰是在这里把"国格""人格"提升到了事关"立国"的高度。

那么，什么是我们社会主义的"国格"呢？邓小平讲得很明白："民族自尊心""民族的独立"。

新中国一路走来，我们最大的尊严便是完全靠"自力"，靠"艰苦奋斗"，而达"更生"之境。对西方敌对势力的"冷战""热战""和平演变"，我们何曾有过屈服？也正是在这一前提下，我们才有真正的"民族独立"。这就是我们的国格。那么什么是我们中国人的人格呢？邓小平同志在这里没有讲，但他在1978年4月22日召开的全国教育工作会议上的讲话中，在讲到我们的教育培养目标时，至少提到与社会主义人格相关的各个方面：革命的理想，共产主义的品德，勤奋学习，严守纪律，艰苦奋斗，努力上进，爱祖国，爱人民，爱劳动，爱科学，爱护公共财产，助人为乐，英勇对敌，集体主义精神，专心致志地为人民工作，等等。这里的哪一条不属于社会主义人格的范畴呢？

2006年党的十六届三中全会，第一次提出了"建设社会主义核心价值体系"的历史性命题和战略任务。2007

年，胡锦涛同志在"6·25"讲话中又具体提出这个"体系"包括四个方面的内容：①马克思主义的指导思想；②中国特色社会主义共同理想；③以爱国主义为核心的民族精神和以改革创新为核心的时代精神；④社会主义荣辱观。这四个方面，一是信仰，二是理想，三是精神，四是道德文明，哪一个不在社会主义人格的范畴之内呢？党的十七届六中全会又提到了社会主义核心价值体系是"兴国之魂"。

2012年11月，在党的"十八大"上又用"三个倡导"把社会主义核心价值观概括为十二项：①倡导富强、民主、文明、和谐；②倡导自由、平等、公正、法制；③倡导爱国、敬业、诚信、友善。而且中办文件又把这"三个倡导"分为三个层面：第一个"倡导"的四项，是国家层面的价值目标；第二个"倡导"的四项，是社会层面的价值取向；第三个"倡导"的四项，是公民个人层面的价值准则。实际上前两个"倡导"的八项都是属于"国格"范畴，而第三个"倡导"是属于"人格"范畴。

那么，我们怎样才能在前面讲到的那些历史嬗变中培育建构起这个"核心价值观"呢？中共中央政治局的第十三次集体学习，似乎很明确地回答了这个问题。

新华社北京2014年2月25日电讯称：中央政治局在2月24日，以弘扬社会主义核心价值观，弘扬中华传统美德为内容，进行了集体学习，习近平总书记在主持学习时强调：

培育和弘扬社会主义核心价值观必须立足中华优秀传统文化。牢固的核心价值观，都有其固有的根本。抛弃传统、丢掉根本，就等于割断了自己的精神命脉。博大精深的中国优秀传统文化是我们在世界文化激荡中落稳脚跟的根基。中华文化源远流长，积淀着中华民族最深层的精神追求，代表着中华民族独特的精神标识，为中华民族生生不息、发展壮大提供了丰厚滋养。中华传统美德是中华文化精髓，蕴含着丰富的思想道德资源。不忘本来才能开辟未来，善于继承才能更好创新。对历史文化特别是先人传承下来的价值理念和道德规范，要坚持古为今用、推陈出新，有鉴别地加以对待，有扬弃地予以继承，努力用中华民族创造的一切精神财富来以文化人，以文育人。

习近平总书记的这段论述相当精辟，对于如何培育建构社会主义核心价值观问题从四个方面剀切明白。

第一，他明确指出要在中华优秀传统文化的基础上，来构造我们的社会主义核心价值观，而不能割断历史。这一条十分重要，否则我们便会失去我们的本来面目，便会成为无源之水，也就无法走向未来。

第二，指出了中华传统美德是中华文化精髓，蕴含着丰富的思想道德资源。这就为我们揭示了社会主义核心价值观，要以弘扬优秀的中华传统美德为基础。

第三，他指出，对传统文化在扬弃中继承，在继承中创新。这就是说，社会主义核心价值观的内涵，既要有优良传统的文化精神，也要有时代精神，是二者的有机结合。

第四，他指出要用中华民族创造的一切精神财富，来化人育人。这就是说，弘扬中华民族文化，并不只是传承儒学那些道统，而是要弘扬全民族共创的优秀传统文化。同时也就是说，培育、弘扬社会主义核心价值观的根本目的是化民、育人。

尤其值得瞩目的是，习近平总书记在这次讲话中提到了一个"中华民族独特的精神标识"问题，而在同年的全国组织部长会议上又提出我们再也不能以GDP论英雄的思想。让人欣慰的是，思想道德文化建设终于被提升到一个民族的标识地位，这至少表明中国人的思想观念，并不落伍于世界潮流。

并不受人欢迎的亨廷顿生前给他的祖国提出的警示忠告，竟是如何弘扬他们没有多少历史和文化的"传统文化"："盎格鲁新教精神——美国梦"，以此为国家的"文化核心"问题。他讲道："在一个世界各国人民都以文化来界定自己的时代，一个没有文化核心而仅仅以政治信条来界定自己的社会，哪有立足之地？"所以，他提醒他无限忠于的祖国，一定要巩固发扬他们自入居北美以来，在新教精神基础上形成的"美国梦"理念的"文化核心"地位，这样才能消解这个国家的民族与文化双重多元化的危机。为此，他甚至预言美国弄不好会在本世纪中叶发生分裂。而且他公开预言不列颠大英帝国也会因民族与文化多元化的问题，导致在本世纪上半期发生分裂。

西方的一些专家学者们也十分强调国家民族文化的地位问题，柏克说："全世界的人根据文化上的界限来区分自己。"丹尼尔同样说："保守地说，真理的中心在于，对一个社会的成功起决定作用的是文化，而不是政治。开明地说，真理的中心在于，政治可以改变文化，使文化免于沉沦。"这些语言也可能有它们的局限性与某种非唯物性，但至少可以让我们看到那些发达的资本主义国家在想什么，至少与马克思主义经典作家们，关于意识形态并不总是消极被动地接受它的经济基础的论断并不相悖。

中国显然具有世界上最悠久的民族文化，同时显然也拥有世界上最强大的政治优势。新中国包括它直接进入社会主义的经济形态，以及其后的一次次经济变革，哪一次不是靠政治力量在强力推动呢？它当然同样拥有让我们几千年的民族文化"免于沉沦"的能力。有学人认为我们的民族文化早就被以往一次次的历史性灾难割裂了，这个看法显然都是毫无道理的。但我们当下却确实面临着"两个传统"失传失统的危险。中国的传统文化与优秀的民族美德，在当代国民中还有多少传承？老一代中国共产党人用生命与鲜血铸就的光荣革命传统，在党内还有多少"光大"？我们现在全民族的"核心文化"到底在何处？"社会主义核心价值观"的提出不仅符合世界潮流，也是使我们优秀的民族文化得以传承而不发生历史断裂的根本保证。富和强永远都不是一个民族的标志，哪个国家不可以富，不可以强？但能代表中国"这一个"本来面目，具有自己民族特色的，唯有中华民族的文化，能代表中国人形象的只有中国独具的道德人格。什么是人格？人格就是原始戏剧中不同角色的本来面目。

综上所述，我们是不是可以这样认为，社会主义核心价值观应内含如下的成分：中华民族传统文化中的优秀传统美德；中国人民近现代反帝反侵略反封建的爱国主义、斗争精神与中国共产党领导下形成的几十年光荣革命传统；中国化了的马克思主义有中国特色社会主义的共同理想；与"中国梦"远大目标相适应的时代精神。由这些内涵构成的社会主义核心价值观，用它来干什么呢？用习近平总书记的话来说就是"化人""育人"，把它再具体化一下，无非是打造能体现中华民族特色，代表中国形象的国格、人格。在思想道德层面上，一个国家的民族精神也只有在人的身上才能体现，所以我们依据社会主义核心价值观的基本要求，针对当代青少年的实际情况，策划了《中国人格读库》这样一套大型系列选题。

本套书承蒙全国少工委、中华文化促进会、团中央中国青年网三家共同主办推广，并积极提供书稿。难得高占祥老前辈热情出任该套书的编委主任，且高占祥同志不辞屈就加盟主创作者队伍。一些大学、中学教师与青年作者也积极加盟此套书的编写。该选题被国家新闻广电出版总局列为2014年全国社会主义核心价值观重点选题，在此一并鸣谢。

希望本套书的出版能为社会主义核心价值观的培育与弘扬，为促进青少年的道德人格养成起到积极的作用。欢迎广大读者与作家对不足之处批评教正，多提宝贵建议与指导意见。

谨以此代出版前言并序。

二〇一四年十月

于北京时代华文书局

引言

"凶狡杰出，善摧大敌"，"近世罕有其匹"。

——戴德坚《蓬莱馆尺牍》

陈玉成凶狠亚杨秀清，而战略尤过之。

——《清史稿·洪秀全传》

陈玉成的出现，在太平军十几年的历史上是个奇迹，如神兵天降，又猝然而逝。

陈玉成原名丕成，"玉"、"宝"等字在太平天国视为贵字，洪秀全"见其忠勇"特赐名陈玉成。在"富者田连阡陌，贫者无立锥之地"的晚清的社会里，他果断加入起义军，年仅十四岁。参加太平军金田村起义，被编入童子兵"牌尾"；随军作战时，勇敢机灵，登高涉险，如履平地；他攻城陷阵，

陈玉成画像

舍死苦战，总是矫捷先登。

自参加太平军后，陈玉成因骁勇善战且屡建奇功而多次被越级提升，受到重用。十六周岁，智破武昌建奇功，被提拔为左四军正典圣粮，职同监军，主管军粮。十七周岁，带兵打仗，来往厮杀、冲锋陷阵总是身先士卒，一马当先，而且军事谋略过人，以奇迹突袭"回马枪"等战术以功越级升为殿右三十检点，从此"三十检点回马枪"威名远扬，清军更是闻风丧胆。

天京事变后天朝元老死伤过半，政治军事陷入瘫痪，急需起用新人。陈玉成因其声望，经朝臣推荐，被任命为又正掌率、前军主将，成了实际上军队的最高领导者。浦口战役、三河镇大捷，鼓舞了士气，稳定了局势，太平军革命情绪高涨。陈玉成在战斗中表现出的卓越军事才能和杰出贡献，使他在二十三岁就被封为英王。"鞍不离马背，甲不离将身"的舍命奋战，换来的成果便是无人能及的军事指挥才能。他以"弱冠之年，受命于危难之际"，担起了天国存亡的重任。死敌湘军主帅曾国藩曾这样评价他："汉唐以来悍者；近世罕有其匹。"

战争是迅速培养军事人才的大学校。陈玉成便是在太平军多次作战中成长起来的优秀将领之一。

1854年2月，武昌城久攻不下，陈玉成建议突袭。6月26日，他率领五百人，缒城墙而上，在城上摇旗呐喊。城内数千清兵不知所以，惊恐中争相夺门而逃，被城外太平军乘其溃乱冲杀殆尽。攻占武昌之役，陈玉成被公认为头功，从此崭露头角。

1856年初，镇江太平军被清方大军围困，形势危急。奉命救援的燕王秦日纲与诸将计议，准备内外夹击，却苦于无法实现。这时陈玉成挺身而出，他带领少数精锐，孤舟冲入，从汤头直下镇江。进了镇江后他与城外太平军内外夹击连破清军营垒十六座，解了镇江之围。其勇其功，比攻占武昌有过之而无不及。此外，三河大捷是陈玉成作为统帅的一个重要战役。他准抓战机，与李秀成协同作战，扩大兵力优势。太平军三路合击，又开堤放水，使湘军死伤近六千，"四年纠合之精锐，覆于一旦"。太平军大败湘军，取得全胜。

即使是在被捕之后，陈玉成仍然慷慨激昂，大骂胜保。面对敌军招降，他大声疾呼"大丈夫死则死耳，何饶舌也！"。

"何处官兵多，我即向何处救应。"陈玉成勇猛善战、至死不屈，且不图享受、生活简朴。虽有种种缺点，但个人品质绝无非议。"苟利国家生以死，岂因祸福避趋之。"他把短促生命里最美好、最宝贵的青春年华全交给了反帝反封建的革命事业，一生都在戎马倥偬中度过，单调却又如此的炽热。

目录

第一章　疮痍满故土

天下大势

从秦末"伐无道，诛暴秦"的大泽乡起义，到东汉末年"苍天已死，黄巾当立"的黄巾军起义，再到"均田免粮"的明末农民起义。历史上所有的农民起义，无不是忍无可忍的贫苦农民的揭竿而起，铤而走险。虽然起义都以失败告终，饱受打击，但是依然加速了当权政府的倒台，动摇了封建统治，唤醒了贫苦农民的反抗意识。声势浩大的太平天国运动历时十四年，转战十八个省，大半个中国，是彻底崩解清王朝统治的前戏，是中国历代农民起义的最高峰，是世界反封建反侵略的民族解放运动的杰出代表。

十九世纪中叶，资本主义列强用大炮轰开了古老中国的大门，从此，中国大地上狼烟四起，流民失所。懦弱的清政府妥协退让，为支持战争赔款加大对农民的搜刮，土豪劣绅更是借机霸占田地，勒索百姓。秦牧先生这样说十九世纪，"十九世纪是资本主义的壮年期，这一个世纪里面，殖民主义者完全不披任何外衣，像野兽一样到处闯荡掠夺"。丧权辱国的各个条约的签订，残害生命的鸦片的如潮涌入，明目张胆地抢地夺权，尤其是在经济贸易中，殖民主义国家不仅对中国掠夺原料、倾销商品、垄断市场，而且在中国办洋行、开银行、设工厂，进行一系列的经济侵略。穷困的百姓再不能过以往宁静安逸的田园牧歌生活，只能拿起大刀棍棒跟殖民主义者抵死相抗。林则徐虎门销烟，气焰嚣张的英国侵略者遭当头一棒；三元里人民抗英斗争，打得英军东奔西跑，溃不成军；鸦片战争中严阵以待的各民族将士，与殖民主义者殊死搏斗，捍卫每一寸土地。

　　鸦片战争后，清朝政府统治日益衰败，政权走向末路：官场上结党营私，卖官鬻爵；军队里营务废弛，纪律败坏；财政上，日益亏空，入不敷出；外交上，闭目塞听，屈辱求和。野蛮骄横的外国侵略者没有哪一刻不在用炮火蚕食着中国的领土，没有哪一刻不在盘算着怎样多骗取一点在华利益。中华大地哀鸿遍野，山河破碎！

西方资本主义经济的侵略使得中国"家庭为单位"、自给自足的自然经济逐步瓦解。洋灯、洋烟等源源不断地涌入中国市场；机器生产的洋布压倒了手工生产的土布；再加上清廷对人民的剥削和压迫却是有增无减，社会危机加重，阶级矛盾激化，农民处于水深火热之中。中华大地上人民反抗斗争此起彼伏。

就是在这样的背景下，一名名叫洪秀全的广东农民知识分子暗下决心推翻当前的残暴统治，重新收拾这破碎的山河，建立"天下一家，共享太平"的太平盛世。

农民出身的知识分子洪秀全多次科举考试失利，对清廷的愤愤不平慢慢发展成为推翻清政府的革命思想。他在机缘巧合下受到《劝世良言》的启发，开始更加关注社会民生，救民于水火的意识加深。他常常对金银外流、国困民贫的社会现实痛心不已，为中国的前途命运拍案三叹。于是在1843年他创立了拜上帝会，借助西方宗教思想和儒家大同思想的掩护，混合千百年来农民的平均主义思想，再加上几年的酝酿和准备，终于于1851年1月11日在广西桂平县金田村揭竿而起，高举反帝反封建的旗帜，掀起了震惊中外的反帝革命风暴。

太平天国历史博物馆中洪秀全雕像

"太平天国运动是近代中国吹起的第一股'南来之风',与后来的辛亥革命运动、国民革命军北伐、中国共产党长征一脉相连,是中国革命运动的起点。同时太平天国运动也孕育了中国抵抗列强侵略的民族主义的萌芽。"(《末代王朝与近代中国:清末中华民民国》,〔日〕菊池秀明著,马晓娟译,广西师范大学出版社,第16页。)

穷困家境

"腐败的清王朝,政以贿成,刑以银免,贪官酷吏,如同虎狼。"

陈玉成,广西藤县大黎镇西岸村人。其祖上居福建省汀州府上杭县,因常遭凶年世变之苦,慕粤东之地土饶肥,羡里族之醇美,于南宋咸淳三年(1267年)迁居广东省韶州府翁源县的枫树井。后在清康熙年间,其祖上又因世事动荡、差役繁扰和手足稀少无所依靠等多种原因多次择居搬迁,最终定居在藤县大黎里西岸村。这里峡谷深幽,飞瀑高悬;竹林葱郁,山溪环绕。"浮天水送无穷树,带雨云埋一半山"的奇山秀水随处可见。钟灵毓秀的山水必定养育着人中龙凤,陈玉成便是其中之一。然而在几百年前的清道光年间,这样

广西藤县四王亭，纪念藤县出生的英王陈玉成、忠王李秀成、侍王李世贤、来王陆顺德

的环境意味着偏远和贫困，生活举步维艰。在吃不饱穿不暖的日子里，还有谁会有闲心去欣赏这美景呢！（太平天国英王陈玉成籍贯考——《文物》1979 年 07 期）

道光十七年（1837 年），在一个贫雇农的家庭里，陈玉成呱呱坠地。小子长得可爱迷人，父亲陈朝礼为其取名丕成。陈玉成一名是参加太平军后天王洪秀全见其忠勇所赐。陈玉成幼年时的记忆里全是血和恨。村里的地主豪绅勾结官府，立碑刻字，威逼农民按时按数交租纳税。农民交不起，就得被抓进衙门问罪。村里许多叔叔伯伯被逼卖田卖地，有的甚至要卖儿卖女。妇女没有独立的社会地位，一家中的妇女要全权受家里的男性管教。就算是寡妇，什么事情也得家里几岁大的儿子说了算数。寡妇卖田得她几岁大的儿子按手印才能生效。农民被逼走投无路，只得起来反抗，抗粮抗官的斗争不断。陈玉成的父母便是抗粮抗官中的一员，不幸的是，在官府凶狠的武力镇压下双双丧生。

孤苦伶仃的丕娃子便跟着爷爷奶奶一起生活。爷爷陈拔兰对孙子甚是疼爱，尽管清贫，仍然节衣缩食让孙子到村里的蒙馆读书识字。可是无以为计的生活不得不让陈玉成早早辍学。农民的孩子早当家，陈玉成八九岁便开始给人帮工，挑土垒墙，照看牛羊，尝遍了世间的辛酸苦辣。

陈姓在大黎是一个大姓家族，附近几个村子里上上下下几乎都是陈玉成的叔伯兄弟。陈玉成幼时活泼好动，喜欢走村串户。而西岸村和东岸村隔河相望，每到东岸村玩耍都得撑一只竹筏，冬来夏往，陈玉成也就练成了一副好身手。村里他的水上功夫技压群雄，灵敏机智无人企及。提及他的机智，至今家乡的人还津津乐道。《藤县志稿》载，一天，陈玉成邻居家的茅屋突然着火，干草易燃，火势凶猛。屋里的陈玉成听到呼救声冲出门外，立即抓起大刀和竹竿赶过去。听到呼救的村里人从四面蜂拥而至，还未到便看到陈玉成一个撑杆跳飞临屋顶，顷刻之间就将部分燃着的茅草横扫在地。村里人迅速赶到，一起把大火彻底扑灭。村里人看到陈玉成的壮举，不禁惊以为神，对陈玉成的机智勇敢，赞不绝口。

　　时光如梭，转眼之间陈玉成长到十四岁了，那结实的身板，秀气的长相惹人怜爱。这年是1851年，在广西桂平县发生了天大的事，洪天王起义了，农民的苦日子快到头了。陈玉成常常跟叔伯兄弟一起悄悄听村里的塾师念《原道觉世训》，心中早就有了打倒村里那帮恶霸的想法。受到金田起义军的鼓舞，叔父陈承瑢指导村民发动暴动。叔父让陈玉成在夜晚翻进恶霸的高墙大院，一把大火烧了恶霸的马厩。火势蔓延，恶霸们在火里上蹿下跳，暴动的农民一拥而入。恶霸跑到马厩翻身上了一匹白马想逃之夭夭。躲在角落里的陈玉成立即跑出来,对准恶霸就是一斧子。解决了恶霸,农民们高声喊着"走,找洪先生去!"于是浩浩荡荡的人群奔向了金田村。

第二章　英雄出少年

英武小兵

从西岸村发动暴乱后，陈玉成便跟随叔父陈承瑢加入了太平军。根据太平天国制度，陈玉成还没有达到参战的法定年龄（十六岁），于是被编入童子兵。"太平天国的童子兵不在太平军的编制里，自成编制，如同妇女编为女营那样，而是把童子作为牌尾（太平天国称未成年及老年人为'牌尾'，称成年人及壮年人为'牌面'。凡男子十六岁至五十岁谓之牌面，余为牌尾。）编归男营。"（《太平天国史》罗尔纲著，中华书局、中国出版集团，2009-12-01，第二册第1096页）童子兵虽不在编制之内，但在军中也要接受训练，"头编红巾，

太平天国历史博物馆内景

手执竹枪，朝夕跳叫，喉燥无声，炮声轰轰"便是童子兵从早到晚勤操苦练的真实写照；作战时也参加战斗，他们经常担负冲锋任务，当先陷阵，视死如归。

陈玉成当童子兵时是太平军著名战将罗大纲的"近侍"。罗大纲在太平军中地位显赫，用兵如神。每每充当先锋，战斗在第一线。在其熏陶下，陈玉成表现出色，成为勇敢无畏的童子兵中最英勇的一个。在太平天国壬子二年十二月（太平天国纪年，即1853年年初），太平军采用地道攻城战术，进攻武昌文昌门城墙根。等到地雷爆炸时，要有最勇敢的人首先抢占缺口。时正值罗大纲指挥战斗，于是就派陈玉成这班五十名童子兵担当先锋，陈玉成等人欢欣鼓舞接受了任务。当地道导火线火光一闪，立刻地雷爆炸的响声震得山摇地动，被炸开的文昌门附近城墙的砖石，在冲天的烟焰里，四处横飞。那巨大的响声，就像一声号令，陈玉成率领战友们一跃而起，冒着砖石，冲进烟雾弥漫的阵地。当先冲锋，扑向抢堵缺口的敌人，占领了缺口，大军跟着拥上，成功拿下武昌。陈玉成等五十名童子兵立了头功。

此后，陈玉成在军中训练时苦练枪法，想在刀光剑影里谋得一份出路。训练场上，一杆红缨枪在他手里若白蛇吐信，蛟龙出水；一拦一拿都虎虎生风，枪前段的大圈小圈捉摸不定；枪身宛若游龙灵活异常；扎枪则如箭脱弦，疾走一线，瞬间吞吐，力似奔雷闪电，快捷而迅猛。头上红巾随风飘动，人和枪浑然一体。

除了武功，陈玉成对文化学习也十分上心。自投奔太平军后，队伍中的老先生（某些知识分子参加太平军，任部队文书等职，军中尊称"老先生"）看他聪明好学，就在行军途中教他几个字。自小喜爱读书的陈玉成久旱逢甘雨，成绩上升明显，如今已经能看懂古书，写得一手好字。1853年，太平天国建都天京后"大封有功"，陈玉成受封为左四军正典圣粮，负责筹划军粮，职同监军。一直希望上战场杀敌立功的他不愿做后勤工作，希望回到战场。东王杨秀清嘉奖他的勇气，但因他年少，没有允许他的要求。

五百将士威震武昌

1853年太平军定都天京后，乃立法安民。"法严令行，民心悦服。军事制度上，在东王杨秀清总揽之下，整军经武，除旧布新，事事严肃，国家气象灿然一新。"（《太平天国史纲》罗尔纲著，岳麓书社出版发行，2013年1月第1版，第53页）当时英、法等国驻华使者闻天国建都天京纷纷来贺。

太平军北征图

他们见到太平军秩序井然和万众一心的民兵同练的情景十分敬佩，一致主张在太平军与清军的对抗之中保持中立。同时，各地的民间组织相继响应：江北皖豫之间的捻军和江南珠江流域的天地会。大江南北，起义部队纷纷揭竿而起。又逢清军建立江南大营和江北大营，构成了对天京的南北夹击之势。天王洪秀全和东王杨秀清一方面迫于形势，另一方面乘此时势，陈师未久，积极调兵遣将，北伐西征。

于是派李开芳、林凤祥统率的北伐军主力两万余人，从扬州出发北上，"出河南略山西，以压燕蓟"；胡以晃、赖汉英等带领西征军开始西征，由安徽攻江西，以争长江上游。"典圣粮"并非陈玉成的志趣，他一心志在疆场，乐于冲锋陷阵。于是，他随军西征，隶国宗韦志俊部下。西征军连战皆捷，乘势长驱，势如破竹。与湘军在中原重镇武昌展开激烈的争夺战。1853年10月至翌年2月，西征太平军进军湖北，连占汉口、汉阳，并迅速攻占周围各州县，只有清朝湖北巡抚青麟死守的武昌久攻不下，战事直拖几个月。武昌城坚池深，国宗提督军务石凤魁怕攻坚多伤兵将，未敢逼攻。东王杨秀清见状，传下军令限期攻克，不得延误。陈玉成协同韦志俊率西征军渡过长江以后，韦志俊约陈玉成联军南下，进攻湖南湘潭。而陈玉成却志在湖北，决定参加进攻已经围困数月、尚未攻克的武昌城。于是他请求留在正在进攻武昌的石凤魁统领军队中。

陈玉成奉调率所部赶往武昌。到达战地后，陈玉成决定亲率轻骑侦察敌情，查看武昌屡攻不下的原因，寻找战斗的突破口。经过多天细密的侦查，他发现武昌城内的存粮已尽，守城的敌人饥饿和疲劳不堪，城东守御空虚。于是回到大营与石凤魁商议认为明着进攻有很大困难，不如趁其不备，以奇取胜。在制定出方案之后，奇袭先锋部队的先锋官人选也成了问题。陈玉成毅然决然地站出来说，他去。

陈玉成率领精锐战士五百人，偷偷地从武昌县入梁子湖，偷偷潜入城东一带。六月二十六日，在围城友军的配合下，他们利用黑夜，避过敌人，把事先准备好的绳子抛上城墙，套住城垛，战士们一个个缒城而上。在城头遍插太平天国黄旗，摇旗齐声高呼道：天兵登城了！天兵登城了！疲于守城的清军犹如惊弓之鸟四散逃窜，吃不饱穿不暖的城中百姓听说天兵降临欣喜万分，守军听得如雷喊声纷纷丢盔弃甲，巡抚青麟、副都统魁玉等见形势不妙也仓皇逃走。城中一片慌乱，士气低迷，留下死守的军队也是人心惶惶。

陈玉成精锐部队声震四野，看到"旗海战术"起到作用，便立马派人给城外守军发信号。城外大军里应外合，城里清军见被内外夹击，士气一落千丈，围困几个月的武昌城终于被攻克。清湖北布政使岳兴阿、按察使曾懋坚在城破时毙命。

陈玉成智取武昌，其指挥若定的军事才能从此在太平军中崭露头角。捷报到天京，天王喜道："真是英雄出少年。"陈玉成以功被破格提升为殿右三十检点，并受命统领军后十三军和水营前四军。东王杨秀清也大为赞赏，赠送了一部石印版的《三国演义》给他，要他仔细阅读，领会书中的用兵之道。陈玉成更加"感激图报，奋不顾身"。

时陈玉成仅仅只有十七岁。

（本章写作参考《陈玉成评传（二）从军征战，崭露头角》钟文典著）

风起云涌

智夺武昌一战中，少年陈玉成立大功，备受湘军的极大关注。张德坚在《贼情汇纂》中说他"舍死苦战，攻城陷阵，矫捷先登"，"贼中之最可恨者"。又因陈玉成双眼之下各有一个黑点（其实为痣），远远望去仿佛有四只眼睛，所以被清军恶意讥讽为"四眼狗"。实际上根据可靠资料张祖翼《胜保事类记》记载，陈玉成虽"长不逾中人"，但"貌极秀美"，

"吐属极风雅,熟读历代兵史,侃侃而谈,旁若无人"。陈玉成言谈风雅,战场上却风驰电掣,雄当万夫。在万马奔腾的大军中,陈玉成常骑一匹雪白的骏马,雄姿英发,神采飞扬。凡见者,无不油然而生一种膜拜的心情:"始知英雄自有真也!"

有一个智深勇沉的指挥官,必有一支剽悍如虎的军队。太平军治军严谨,军队训练有素,将士精壮有力。每次决战,无坚不摧。"遇大敌则攻其所必救,以分其兵,疲其力,而后突然集合优势的兵力予以歼灭。故攻城夺地,势如破竹。"陈玉成坚定沉着,从容不迫地指挥军队作战。

在这样一个大动乱的年代里,清政府已日趋崩溃,到了日暮穷途的地步。军事上,将帅屡易,前方军事局面一片混乱。在最后关头,湘军突然崛起,渐渐把革命势力打压下去。1854年,湘军成军。湘军领袖曾国藩在初次失利之后,便上疏"改弦更张,以练兵为要",同时效仿戚继光和傅鼐成兵之法,"求其精,不求其多,求有济,不求速效"。湘军势力成为阻碍革命运动的主要力量。

之前,在湘潭战役中,装备优良、战术正确的湘军趁太平军林绍章立营未稳,急速攻城,使太平军伤亡惨重,损兵折将数以千计,更使西征战局逆转,掌握了军事主动权,太平军被迫进入战略防御。在湘北会战中，湘军在本省作战整顿补充及时，调度灵捷，水师强大，但太平军兵力分散，又缺少智勇兼备的得力统帅，湘军再次取得大胜。

湘军占领武昌后，声名大噪。清廷赏曾国藩兵部侍郎衔，办理军务。曾国藩于得意之余，即筹划大举东犯，并决定以夺取九江为第一目标。他与新任湖广总督杨霈商定了一个水陆并进，夹江而下，首先突破太平军田家镇、半壁山江防，进而夺占九江的三路进军计划。其兵力部署是：南路由新任湖南提督塔齐布和知府罗泽南分统湘军兵勇沿长江南岸进攻鄂东大冶、兴国（今阳新）；北路由杨霈、陕西提督桂明率绿营兵进攻蕲州、广济（今蕲春东南）；中路以水师顺江而下，由参将杨载福、同知彭玉麟率部先发，曾国藩与李孟群率后队继进。预定三路会师于田家镇，总兵力约万余人。

太平军方面，杨秀清已于 10 月 15 日将湖北军事委托给燕王秦日纲统理（秦奉命巡查河道，当时已到九江），命其在湖北田家镇、半壁山一线加紧设防。太平军在田家镇至蕲州一段四十里的江岸上修筑了一些土木城，安置炮位；在田家镇与南岸半壁山之间横架铁链二道，两链相距十余丈，铁链之下排列小船数十只，配以枪炮；在半壁山扎大营一座、小营四座，山下挖掘三四丈宽的深沟，内侧设立木栅、炮台，外侧密钉竹签、木桩。为了加强该处防御，杨秀清还专门派人从天京送来一座木簰，作为江中堡垒。此时，从武昌退回和从下游来援的太平军总数又达数万，号称十万人。他们设防虽较严密，但在作战指导上却采取消极防御的方针。

鏖战田家镇

在西征战场上，敌从湖南岳州来犯，长江上游战事一场接着一场失利。林绍璋所部西征军在湖南湘潭作战失利，退守岳州。曾国藩率湘军乘胜反攻，岳州危急。陈玉成受命增援，一路苦战，极力挡住敌人的攻势，给援军结集反攻争取时间。

1854年，陈玉成部队赶到岳州。见湘军水师沿江屯泊，于是乔装称湘军营弁（旧时称中下级武官），率领18名精壮武士混入敌营，放火烧船，烧毁水师大小船只三百余号。但是当时天降大雨，风向转变，湘军陆路援兵赶到扑灭大火。陈玉成等人不得不扬帆逃窜。

陈玉成虽深入敌阵，智胜敌人，但太平军仍未能阻遏湘军的攻势而节节后撤。在武昌附近，陈玉成所统带的后十三军兵士并水营前四军兄弟，与湘军多次苦战又未能取胜，只得下退，驻守蕲州。为了扭转不利态势，陈玉成建

太平军西征军田家镇、半壁山之战

议调集各路太平军"齐会于田家镇",同心协力,"诛杀妖魔"。他的这一建议,正与杨秀清命秦日纲坚守田家镇的意图相合。时冬官正丞相罗大纲战死,东王就特地提升他补罗大纲的官缺。

湖北武穴市田家镇古称兰洲,地理位置十分险要,长江至此与西侧的半壁山对峙,江面仅宽450米,素有"鄂东门户"之称,是长江三大要塞之一,历来是兵家必争之地。此地现尚存"铁锁沉江"、"东南半壁"、"楚江锁钥"等石刻。太平军在这里夹江为营,在半壁山结营垒五座,"于江面横安铁锁二道,相距约十数丈。铁锁之下,排列小划数十只,以枪炮护之"。

陈玉成作战英勇,所向披靡,所以哪一处敌人势大,就派他到哪一处去迎头痛击。在田家镇、半壁山防御战中,陈玉成受命坚守蕲州。蕲州位于田家镇上游,正当东下湘军进攻之要冲。秦日纲将坚筑营盘的任务交给了陈玉成。陈玉成在这里约束兵士,灵活应变,阻击、牵制湘军。

11月19日,湘军水师来犯,陈玉成指挥太平军水师迎击,毙营官白人虎。连战皆捷的陈玉成毕竟年少,生了一些轻狂之气,不甘心清军残余部队逃跑,下令追击败北军队。他率部上追十余里,结果遭到湘军水陆师的包围,损失战船三百余号。回到军营的陈玉成痛心不已，坐在指挥室里认真反思，时不时地在地图上写写画画。考虑到田家镇战役的重要性，为了重振士气，陈玉成决定在次日乘夜火攻湘军水师，拖延上游清军支援田家镇的时间。蕲州水营大小船只不过百余，多是征用农民的渔船稍稍加以改造而成。陈玉成亲率水营军队与敌军周旋，蕲州太平军士气大涨，如虎狼下山，焚毁敌战船一部。曾国藩识破陈玉成的计谋，不再与其部队死缠烂打，而是留一小半战船在蕲州与陈玉成相持，而以大部战船趁机冲破防线顺流而下，配合半壁山陆军。

陈玉成也看透曾国藩的诡计，指挥岸上火炮进行猛烈轰击，虽给敌以杀伤，但未能阻止湘军水师船只的下驶。这时，蕲州上下游都有敌船，陈玉成处境困难，便命水师驶往下游，留陆师继续坚守蕲州。

"未战而庙算胜者，得算多也；未战而庙算不胜者，得算少也。"太平军田家镇与清军血战中，曾国藩老谋深算，见田家镇和半壁山形势，下令先攻半壁山，夺其要隘，深深看透铁锁一岸无根，则可拔除，于是根据实际情况，将湘军战船分为四队：一队专管斩断铁链；二队专管攻击太平军炮船；三队待铁链破除后直趋下游，焚烧太平军船只；四队守卫老营，防太平军袭击。进攻时，湘军水师傍南岸急桨而下，至铁链之前"以洪炉大斧，且熔且椎，须臾锁断"。

鏖战之际，陈玉成率数千蕲州太平军，从侧后杀来，先后踏毁清军都司杨名声、副都统魁玉和总兵杨昌泗的营盘数十座，给敌以重大杀伤。然而，苦心经营的田家镇已经失守，江防被湘军彻底突破，水营前后近万艘船只被敌军焚毁、击沉。陈玉成便于12月3日放弃蕲州，撤往广济，与秦日纲部会合，继续转战于大河埔、双城驿。

太平军在血战中伤亡近万，田家镇流血漂橹，江面硝烟不止，红水多日不散。太平军半壁山渡口哨所头目王文明在战后的战场拾捡万千太平军尸体，埋葬于半壁山西麓盛家湾，便是悲壮的"千人冢"。

第三章　忠心立战功

反败为胜

　　田家镇江防要塞陷落之后，曾国藩乘胜追击，带领湘军水师路师直扑江西九江。九江战略地位很重要，"据江湖之形胜，实南服之咽喉，而湖广、江南之腰脊也"。保住九江，下可以固安庆、天京之防，上可以进扼武昌。曾国藩当时趾高气扬地说："长江之险，我已扼其上游，金陵补给各路多以断绝，逆船有减无增，东南大局似有转机……一军以肃江面，直捣金陵为主。"其势猖狂，震动天京。东王杨秀清果断调天国大将翼王石达开增援安庆，坐镇湖口；调冬官正丞相罗大纲驻扎湖口对岸，共同抗击湘军。

石达开登高远望敌情，发现敌军船坚炮利，船只严阵以待，且此时湘军士气正盛，决定不与其针锋相对。但是，湘军大船连动呆滞，自长沙一路苦战，千里争利，未得休息。既久战疲惫，又恃胜而骄；疲兵易制，骄兵必败。于是，石达开采用疲敌战法，伺机打击敌人。1855年1月，太平军石达开部取得九江、湖口大捷，粉碎清军的水陆进攻。曾国藩被打得落花流水，仓皇之中差点被太平军活捉，气得想投水自杀；其全力建造并嚣张一时的湘军水师纷纷溃败。他直取金陵的美梦也破灭了。

湖口大捷同天，退守安徽宿松的秦日纲、陈玉成部便乘机转入反攻，击溃湖北清军，收复黄梅。2月，秦日纲、陈玉成等乘清军后路空虚，率部西进，于湖北广济击溃湖广总督杨霈所部清军万余人，连占蕲州、黄州、汉阳。之后，陈玉成与秦日纲分兵出击，率部进军鄂北，连占汉川、应城，两占德安。陈玉成又在随州阵斩札拉芬，迎战三坡港，收降大批义勇。

鄂北作战这段时间，陈玉成用兵快如疾风，势若雷霆，行动果断，调兵遣将灵活多变，回马枪战术威震疆场，敌人防不胜防。"三十检点回马枪"威名远扬，敌军见陈玉成的将旗便四散逃窜。

镇江解围

正当西征太平军转败为胜，陈玉成在鄂北疆场驰骋之际，江北大营和江南大营大将纷纷加紧对天京的围攻，给太平军施加极大的压力。与此同时，江苏巡抚吉尔杭阿也率军进驻九华山，紧困镇江，形势十分危急。到1856年年初，天京外围战事一直吃紧。

自1853年太平军攻占镇江后，驻守军加高城墙，掘深城河，修筑炮台，驻泊水师，以北通瓜洲，护卫天京。太平军精锐相继北伐、西征，镇江守备空虚，虽顽强守御，但兵力单薄，只能据守城垣，截断漕运并牵制清军，形势日趋不利。到1856年2月，天京形势岌岌可危，因为若要解天京之围，必先解除镇江之围困。东王只得调集重兵，令燕王秦日纲、冬官正丞相①陈玉成、地官副丞相李秀成等统率东援镇江。

镇江得山水之胜，钟灵毓秀，代有人才出。南朝宋武帝刘裕、撰《世说新语》的刘义庆、镇江南山鹤林寺池旁写下《爱

---

① 太平天国的丞相分天官、地官、春官、夏官、秋官、冬官六衔，各设有正、又正、副、又副四人，自天官正丞相至冬官又副丞相共二十四人。

莲说》的周敦颐、清朝诗人龚自珍……文人墨客纷至沓来。镇江古称"京口","东通吴、会，南接江、湖，西连都邑"，扼水陆津要，交通便利。南宋著名词人陈亮在《念奴娇》里写镇江"一水横陈，连冈三面，做出争雄势"，便可见其重要的水路交通位置。作为军事重镇，镇江的安危决定太平天国的存亡，天王和东王都极其重视。

1856 年 2 月，镇江被清朝江苏巡抚吉尔杭阿军队围得水泄不通，内外隔绝不通，战争形势十分危急。守将吴如孝带领军民多次打退清军的进攻，城内几乎已经弹尽粮绝，将士身心疲惫，全靠坚信援军必会到来的信念拖延死守。

秦日纲带陈玉成和李秀成马不停蹄地杀将而来。固守江南大营的清军总兵张国梁在仓头猛烈阻击陈玉成部队，以阻止其部与镇江守军取得联系，力图消灭陈玉成部队。驻守九华山的吉尔杭阿也趁乱来袭。清军江南、江北大营军队在龙潭、下蜀一带直接连营三十多里。两军在仓头连战十余日，相持不下；又在镇江龙潭、下蜀一带斗智斗勇，始终不分胜负。这时，镇江城外长江水面上敌军战船星罗棋布，大炮轰鸣。

战事胶着，清军的红单船（清廷从广东调来的大型武装商船）从未放松对镇江城内的袭击。秦日纲、陈玉成等将领担心守军的伤亡情况和军心稳定，不敢耽误。于是将领们立刻召开军事会议，认为要打破清军的阻截，太平军必须立即与驻守城内的殿左五检点吴如孝取得联系，以便东西两面夹击清军。但清军严防，莫说传信的将士，就是一只鸟儿也飞不出来。2月16日，秦日纲曾派总制熊步高秘密潜往镇江，但为清军擒获。几番商讨之下，陈玉成说只能兵行险招——派兵硬闯过敌军在长江上的封锁，联络城内守军，约期夹攻，既能鼓舞士气，又能实施计划，一举两得。

提议出来后，大家面面相觑，深知其中的危险。答应带头冲锋就意味着将脑袋拴在裤腰带上——命悬一线。会议室寂静得都听得见众位将军急促的呼吸声。燕王大声问道："谁去？"不等他人作出反应，陈玉成挺起胸膛吼道："我去！"看到不及弱冠的陈玉成，燕王思索再三，又确实找不出比陈玉成更适合的人选，形势越来越严峻，于是派陈玉成乘小船经长江水道冲往镇江。

3月下旬，陈玉成接受任务，带领几个水上功夫了得的将士驾驶一条小船，朝着这阴森黑暗的江面冲过去。小船上的将士摇橹的手拼命地前后翻飞，小船如飞出去的箭一样在江面上滑行。城外的援军和城内守军纷纷发动进攻，吸引敌军的注意力。守江值班的清军还是发现了他们，吆喝声里，清军炮船立刻从四面八方飞来截击，喊杀声震天，把陈玉成小船围在江心。见此情形，陈玉成镇定自若，毫无惧色还不忘鼓舞战士："清妖只是泥塑纸扎，敢挡我的死。兄弟，奋力，向前冲！"小舟上的圣兵听到之后精神激昂，在炮弹密织的火网里舍死直冲。一起的兄弟死伤过半，但是陈玉成如神降临，毫发无伤，冲破敌人的封锁，突出重围，进入镇江城。太平军士气大振，而清军则难以置信，惊慌失措。

进城后，陈玉成立即将作战计划告知吴如孝，并与其一起从城内杀出，如猛虎下山，冲天气势吓得清军阵脚大乱。这时，燕王秦日纲等率大军由仓头一带，自西而东向清军进攻，李秀成率三千人奇兵夜袭敌营，断了清军后路。陈玉成、吴如孝也如期率部由东而西进攻。于是"内外之兵，和作一气，大锐声张"，清军腹背受敌，纷纷溃散，遂解镇江之围。次日，大部队又连破清军营垒十六座。陈玉成一轻舟闯镇江的事迹传到天京，天王大赞他是个好将领。东王听闻战报，抚掌大笑："陈玉成一身都是胆，当年赵子龙也比不上他。"

连破二营

镇江解围之后，清军阵脚大乱，败兵四散逃开。秦日纲为全力拔除江南、江北大营，彻底解除天京的围困局势，不敢贻误战

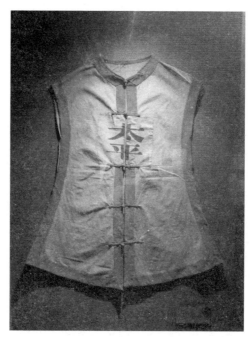

太平天国士兵服装

机，带大军进入镇江稍事休整后，便调集船只，北渡瓜州，旋即进逼围困瓜州的江北大营。4月3日清晨，在扬州土桥打败清钦差大臣江宁将军托名阿的大军，连破虹桥、朴树湾等江北大营。清军望风而逃，如鸟兽散，旌旗、兵器散落战场。4日，太平军穷追不舍，在三岔河再次打败清军。在太平军一鼓作气之下，攻毁三岔河清军营垒一百二十余座，托明阿率残部狼狈逃往扬州。之后，陈玉成乘胜攻下扬州，占领浦口，威震六合。如此，清军苦心经营三年的江北大营一败涂地。6月1日，吉尔杭阿经受不住连败的打击，开枪自杀了。

镇守江南大营的是清朝老将向荣。他在天京城东盘踞三年之久，对周围地形了如指掌。他听闻镇江、九华山大营溃败，焦灼万分，寝食难安，但是他深知"攻城之法，城小可以合围，城大只宜声东击西，乘其不备"，"今（天京）则九十六里之城，合围既力有不逮"，然而其他攻城方案都先后试用，即使有小小的收获，也一直不能破城。向荣虽不敢围攻天京，但却抱定了以屏蔽苏、常，保护清廷财赋重地为己任。三年以来，向荣在这里建起了一道严密的军事防线。

天平军方面，秦日纲等部在消灭江北大营后，回撤天京，驻扎燕子矶、观音门，准备入城休整，却接到东王"将孝陵卫向帅营寨攻破，方准入城"的死命令。陈玉成、李秀成都认为"向营久扎营坚，不能速战进攻"，而且马疲人倦，此时进攻不是最佳时机，江南大营已危如累卵，不急于一时，希望东王收回成命。然而东王不允所请，还严厉斥责说违令者斩！

秦日纲、陈玉成等各部只得不顾辛劳，奔赴战场，火速出兵神策门和太平门，力扼向荣军队后背，向荣只得派兵来救。这时太平天国猛将石达开回京，趁机声东击西，进占黄马群，切断江南大营奔赴仙鹤门、石埠桥的必经之路，将敌人分成两半，各自消息不通。向荣遂被牵着鼻子走，惊慌之中，四处调兵回援，整体军事布局大乱。清军被太平军四面追赶。天京城内东王杨秀清也从城内接应，清军腹背受敌，天京防线被突破，天京之围顺利解开。向荣被逼逃往丹阳，入城坚守。太平军陈玉成部受命乘胜追击，围困丹阳。向荣想到自己戎马一生，大营复溃，败退丹阳，真是英名扫地，愧愤交加，于是自缢而亡。

6月18日，各路太平军在杨秀清的统一命令下，向江南大营发起进攻，经过四天激战，终于攻破威胁天京达三年之久的江南大营。太平军取得攻破江南大营胜利后，军事形势达到鼎盛时期，不但粉碎了清政府对农民起义军的打压围困，而且还借机控制了江苏西南的大部分地区。

陈玉成在这血火战场上，身不解甲地奔驰于万军之中，快速地成长为太平天国的新生代战将。他指挥若定，英勇战斗，屡次

太平天国天王府

挫败清军。敌军对他切齿痛恨，天国上下以他为傲。太平天国军
事上达到鼎盛有他不可磨灭的功劳。

第四章　骁勇冠诸侯

天京巨变

自太平军定都天京之后，革命领导者们受到地主阶级腐朽思想的侵蚀，享乐主义滋长开来，同时领导集团内部矛盾重重，而且日趋恶化。东王杨秀清一直总揽大权，蛮横专制，对其他诸王以威势逼迫，诸王积怨于心。天王洪秀全也一直暂且容他，逆来顺受。不断酝酿的矛盾终于在1856年如火山一样喷薄而出。

1856年，洪秀全策划"天京事变"，血洗了杨秀清和他的东王府势力。在这过程中，韦昌辉"不分青白，乱杀文武大小男女"，杨氏满门无一不被杀死。他趁机扩大了事变，企图篡夺农民革命的领导权。如此，天京内外革命者义愤填膺，矛盾由杀杨转化为诛韦。翼王石达开回京辅政，谴责韦昌辉的滥杀无辜，韦昌辉恼羞成怒，准备杀石达开。石达开有先见之明，从南门匆匆逃走，但家人没能免遭杀戮。北王派秦日纲部沿江北上，追击翼王。石达开调回武昌红山军，集合四万军队东讨韦昌辉。韦昌辉终被杀。

这场以屠杀火拼形式展开的领导集团内部的分裂，使太平天国元气大伤，革命形势急转直下。由于这场变乱，石达开等部相继离开西征前线。本是对消灭湘军稳操胜券的大好时机却生生错过了。纵敌修养，湘军得到喘息的机会，为太平天国的最终失败埋下了定时炸弹。由于这场变乱，重镇武昌失守。武昌，能扼金陵上游，能固荆、襄门户，能通两广四川。既丢失武昌，太平天国在长江上游遂处于被动局面。这场变乱大大削弱了太平天国革命将领的有生力量，这些将领基本都是久经革命锻炼的并且立志为革命事业作出贡献和牺牲的忠诚的革命者。这无疑是变乱中最大的损失。天京变乱之后，军事人才的枯竭，使得太平天国的堡垒一步步从内部开始被攻破。（《太平天国》牟世安著，上海人民出版社 1959 年 10 月第 1 版，第四章第一节）

遭天王洪秀全猜忌压制，石达开率兵出走之后，太平军所辖名城重镇纷纷失守，占领地区面积日渐狭小，革命形势日益严峻。镇江、九江、吉安相继沦陷，太平天国"革命战争

李秀成画像

处于左支右绌、难以应付的境地"。

柳亚子先生在《题太平天国战史》中深刻描绘了当时变乱的情景"楚歌声里霸图空，血染胡天烂漫红"。这煮豆燃萁的事情竟再次在中国大地上演，这英雄二字真的是能用是非成败分明的吗？对于这场变乱，后人只能是哀其不幸，怒其不争。

临危受命

一时之间，太平天国"朝中无将，国内无人"。面对严峻的革命形势，为了挽救艰难的局面，洪秀全亲自任军师，统领朝政，选贤任能组建新的领导核心。他恢复五军主将制，分别任命陈玉成为前军主将，李秀成后军主将，李世贤左军主将，韦俊右军主将，蒙得恩为中军主将兼正掌率。整个领导核心以新生代年轻才俊为主，充满活力。

天京变乱期间，天京外围军事局势紧张。清朝钦差大臣德兴阿趁乱攻占扬州、连营到浦口一带，重建江北大营；清朝钦差大臣和春和江南提督张国梁重建江南大营，攻陷镇江，进逼天京，与江北大营隔江呼应，再次围困天京。而太平天国核心领导集团热衷于斗法夺权，陈玉成临危受命，与敌人奋勇顽抗。在那样困难情况下的斗争更是一种考验和锻炼，使得陈玉成在军事战略思想上不断成熟。

当年，石达开率兵出走时见陈玉成用兵神勇，以利益诱惑想拉拢他跟着一起出走。陈玉成年少但立场坚定，不为所动。他坚守战斗岗位，认真观察整个战争形势，发现安徽战场举足轻重，保住安庆，控制安徽，进可挥师西进，退可守卫天京。当各位节制诸王忙于内讧时，陈玉成使尽浑身解数，移师皖南，在安徽训练一支战斗力非常强悍的"童子兵"。这支"敢死队"全由机警强健的青少年组成，称为"小儿五旗营"。童子兵头戴红巾，腰围绿绸，时刻跟随陈玉成。五旗营分为红、黄、白、黑、青五色。每次作战时，五旗营上阵杀敌都是一个营接着一个营轮番作战，相互接应。其中红旗营最为厉害，大家都称赞他们为"红猿"。他就犹如陈玉成的必杀技"回马枪"一般，只要出动，无往而不胜。

正所谓"人在做，天在看"，你有几分能耐，别人是看在眼里，心知肚明的。在选拔新一届领导成员时，天王也是见陈玉成在历次大小战争中，忠心耿耿，军事指挥才能卓著，战绩辉煌，才提拔他为成天豫①、又正掌帅，主持大小军事工作。

---

① 豫：太平天国的官爵名称。太平天国后期在"王"下设义、安、福、燕、豫、侯六爵。

陈玉成在关键时刻挺身而出，全力以赴，挽救危局。

再破江北大营

江南、江北大营的重建使天京交通瘫痪、粮道断绝，天京再次被包围。"仅通浦口一线之路，车运北岸粮米以济京用。"为了解天京之围，陈玉成等将领安徽枞阳召开太平军将领军事会议，约定"各誓一心，订约会战"，相互配合，"抱团打天下"。经过商讨，决定集中优势兵力先打江北大营，以恢复江北的交通和补给线，保证后备充足。陈玉成担任主攻任务，其他各路军队紧密配合作战。陈玉成军队从潜山经舒城攻庐州，李秀成军队从全椒进兵滁州，两路会师合击盘踞在浦口的清朝江北大营，以打通天京与江北的交通。

1858年8月陈玉成率兵由潜山过舒城，在8月23日攻占庐州府，出店埠、梁园、界牌，9月17日直逼乌衣。25日，李秀成率部自全椒到乌衣与陈玉成会师，合击清江北大营统帅德兴阿和蒙古都统胜保。胜保的骑兵之前一直活跃在河南、安徽一带，少逢敌手，专横跋扈。

话说陈玉成早听得胜保骑兵威名，太平军在其骑兵下多次失手。为了消灭清军主力胜保的骑兵，陈玉成亲自训练了一支刀牌手——专门削马足的军队——埋伏在战场。胜保不得而知，战场上仍旧气势汹汹，威风八面。胜保骑兵来犯时，横冲直撞，洋洋得意。不料埋伏在周围的刀牌手一跃而起冲入敌阵，盾牌护身，刀削马足，骑兵前排马匹倒地，后排马匹来不及反应，便顺势踩在前排身上，于是自相践踏，马匹嘶吼声，骑兵哀嚎声乱成一团。太平军乘势从四面合围骑兵，短兵相接处，清军三四千人丧命，胜保的骑军全部歼灭。胜保见势不妙，落荒而逃，捡得一条老命。

乌衣之战是天京事变后第一次巨大的军事成功，军队旗开得胜，军威大振。这一战也是攻破江北大营的重要战役。

9 月 26 日，陈玉成率兵向浦口进攻，途中遇到江南大营前来支援的五千敌人。因任务紧急，清军尚未驻扎好阵地。于是陈玉成以迅雷不及掩耳之势杀进敌营，太平军砍杀大部分清军，只两三百人逃窜开去。于是陈玉成乘胜追下浦口，进击江北大营的前面，李秀成进击江北大营的背后，前后夹攻，各路敌兵，望风溃散，再次攻破江北大营，恢复了天京、浦口的交通线，天京城内人心安定。

9 月底，为巩固两浦，陈玉成进军六合。六合守军是清道员温绍原，他在六合组织地主武装控制整个地区。多年以来，他在六合修固城墙，一直把城池囊括在铁蹄之下，即使是太平军第一次打破江北大营时，六合也始终没被攻破。于是温绍原自吹"铁铸六合"。面对这样一个铁桶似的城池，似乎无计可施。但陈玉成不是别人，是一名由童子兵成长起来的优秀将领，大战小战经历无数，攻城略地见多识广。他想到当初成名之战，攻破武昌的时候所用的方法甚是可取，于是全军集中优势兵力在六合城外列队排开，对城内猛烈进攻。而真正进攻的小小童子兵则带上炸药，神不知鬼不觉地迂回到城脚，开挖地道，深埋炸药。见童子兵已经得手，大军遂退后几百米。六合清军以为太平军见攻城无果不得不另做打算，于是欢呼雀跃不已。哪知欢呼的不是敌人的退败而是自己的灭亡。不费吹灰之力，城墙轰然倒塌，"铁铸六合"被攻破。恐怕，温绍原死也不信陈玉成会攻得这般容易。

浦口一役的胜利，摧毁了江北大营，恢复了天京与浦口的要道，敌人切断天京与江北军事、物资联系，实行南北夹击和孤立天京的计划破产了；缓和了天京危机，使太平天国在天京事变和石达开出走后的被动局面开始扭转，军威得到了重振。整个打破江北大营的战役是陈玉成作为太平天国统帅首次指挥的第一场大战，完胜得漂亮，不但消灭了清军的有生力量，而且解除了天京之围困，挽救天国于危亡之中。

正当陈玉成乘胜前进，继续扩大战果时，湘军趁机在安

三河古镇内的英王府

徽境内发动大规模进攻。清军进犯安庆，悍将李续宾部攻陷舒城，提兵向三河镇推进。陈玉成接到三河守将吴定规告急文书，一面启奏洪秀全，调李秀成部去联合作战，一面亲自领兵火速救援。

三河大捷

三河镇如今残存的百米古城墙，只那坍圮的青砖，锈迹斑斑的古铜炮仍然在诉说着英雄年少的神勇，激烈残酷的厮杀声仿佛还在耳边回荡。三河之战是陈玉成一生的杰作，是陈玉成戎马生涯里的辉煌乐章。

三河镇自古就是军事重镇，水陆要冲，古称"鹊渚"，吴楚之争的"鹊岸之战"便是发生在三河镇，而且早有"一步跨三县，鸡鸣三县闻"之说。三河镇向西是大别山区，向北经巢湖水系可直达庐州，东经长江水道可抵达天京，便捷快速。三河镇地处巢湖盆地，鱼米之乡，所以又是皖中重要的物资集散地。太平军在这里广屯米粮军火，供应庐州天京，是天京重要的后勤补给基地。总的说来，三河镇不仅是天京、庐州的粮食和物资的重要供应地，而且由于它得天独厚的易守难攻的地形地势，也是庐州西南的重要屏障。这样一个经

武忠亭

神固天将
桓桓翠巧
巍砢山岡
颢阳霨舞
朔挺陷公
束尚半碎
垦顺三祀
不蒙坤唁

李续宾画像

济军事要地，是不容有失的。

清军将领胡林翼在考察三河镇地形时也曾说："该处为水陆要冲，实扼庐州之总要，其屯聚米粮军火，即以接济庐州、金陵……必先得三河，乃能进兵庐州。"于是在计划大举进攻安庆时，他命将军德兴阿、总兵鲍超由宿松趋安庆，浙江布政使李续宾由英山趋太湖，进攻安庆外围的太平军。就在陈玉成攻占六合的同一天，李续宾部队攻破舒城。舒城与三河镇唇齿相依，舒城既没，三河危险。清军将领李续宾利用陈玉成率兵进攻江北大营之机，迅速进军安徽，直指三河镇，蓄谋进犯太平军的战略重镇庐州。

李续宾自参加湘军以来，屡建战功，先后"克复四十余城，大小六百余战"，是镇压太平军最凶恶的清军将领。他能征惯战，勇武果敢，是湘军统领中王牌的王牌，人称"湘军第一悍将"，早年陈玉成也常败于他手下。七年之间，由一介白丁书生擢升为巡抚衔布政使，成为曾国藩手下一员猛将，甚至被清廷倚仗为"长城"。他所率部队是所有湘军中战斗力最强的劲旅。九江之战使他的军旅生涯达到人生巅峰，威风八面；他被加封巡抚衔，赐黄马褂，成了封疆大吏，也使他成为千古罪人，遗臭万年。他攻占九江之后，将城中近两万军民歼除净尽。一时之间，九江城内巷陌街角尸骸堆积，血流成河。这样一个刽子手，在攻占九江之后更是骄躁猖狂，不可一世。

正所谓"盛名之下其实难副"，李续宾盛名之下，变得刚愎自用，一味追求虚荣，低估太平军的实力，自以为战无不胜攻无不克。殊不知人无完人，即便凶猛无比，但他的战略指挥才能是尚缺的。原本湘军中运筹帷幄的将领曾国藩刚刚起服出山，而胡林翼居丧在家，都难以遥控湘军。现头领官文则一心侵皖，不顾其他，企图大捞一笔，于是令李续宾匆匆东进。

早在进攻江北大营之前，陈玉成就看清形势，猜测湘军必定会乘虚而入，图谋安庆，让守将吴定规在三河镇外修筑防护堡垒。太平军在杭埠河北岸的大堤上建立了一座长约1华里、宽约半华里的大城墙，并在城外围四周的地埂上添筑砖瓦九垒，都是凭河据险，控扼要道。

1858年11月3日，李续宾带领六千精锐进攻三河。7日早晨，他见三河外围的垒墙之后果断采取攻城先攻垒的战术。他派出三路军队，分别进攻各处砖垒，自己则带领部分军队进行机动作战，来回策应各路。太平军见敌人来势汹汹，谨遵陈玉成的叮嘱，小心凭墙固守，不曾外出迎敌。李续宾见进攻太过缓慢，竟放火焚烧砖垒，于是先后攻下城外九垒。

太平军虽给予湘军攻城部队以重大杀伤，但不得不退入城内。李续宾逼城扎营，连续进攻，想速攻三河。

三河镇守军将领吴定规一面沉着应战，一面像向陈玉成告急，请求支援。陈玉成收到告急文书，立即传谕全军各部打点行装，整理军备，准备启程，骑兵先行，步兵后续，以最快速度奔赴三河方向，他同时派信使奏请天王调后军主将李秀成驰援三河，共同歼击湘军精锐李续宾部队，再派骑兵通知西路吴如孝部队联合捻军自庐州南下，切断敌人的舒城援军。顿时间，大河上下，马蹄声碎。

吴定规知援兵在途，更是上下一心，坚守不出。长此以往，李续宾部损兵折将，锐气大减。速取无望，退兵不甘，湘军屯兵城外，成了强弩之末。

在李续宾部队听说陈玉成自六合来援之时，湘军幕僚主张赶快退守桐城，认为攻克下的城池里留守的军队不足以声援，应该留军后方，如果后路空虚，一旦被阻断，孤军深入，一定会败北，因此，建议"宜还桐城，合都军攻安庆"。但李续宾自恃无人能敌，还蓄谋夺取庐州，进犯安庆，不肯撤兵。这时，他才后知后觉，想到太平军要开始从后路进攻了。

陈玉成直接由巢县西进，星夜兼程，进抵白石山、金牛镇一线，"包三河之后，断李续宾之后路"，堵塞舒城到庐州的交通线。李秀成也迅速跟进做好后援准备。11月12、13日，三河太平军援军浩浩荡荡联营数十里，约十万军队。李续宾如梦初醒，加急催调后方军队急援，但远水解不了近渴，军队人心惶惶。

后援无望，李续宾只能试图突围了。11月15日凌晨，他派七个营的步兵随马队衔枚疾走，偷袭金牛镇，其余各营留守大营。陈玉成早就算到李续宾定会突袭，以冲破包围圈。两军交战于韩家渡一带。清军死里求生，有破釜沉舟之势，短兵相接处，凶狠尽显。陈玉成见敌人来势汹汹，避其锋芒，且战且退，把敌人引进事先在烟墩岗已经布置好的包围圈。清军一心只想突围，不虑其他，见太平军退败，兵分三路，穷追猛打。不料，突然大雾弥漫，咫尺莫辨。等清军一过烟墩岗，陈玉成的马队就从左边杀将而出。清军各路只听得周围喊杀声四起，但不见太平军所在，心急之下，甚至自相残杀，顿时全军上下乱作一团。清军左路一个营先行溃败，接着各营相继败走。待大雾散去，清军残部向东边逃窜而去，陈玉成命部队紧追不放，誓死消灭全部敌人。

李续宾在大营焦急地等待消息，传来的消息一个比一个难以接受。败讯传来，李续宾赶紧带着留营部队前来接应，"冲荡数十次"，也没有冲破太平军的包围圈。这时，绝大部分队伍已出，大营空虚，吴定规乘机从三河镇内杀出，直攻湘军老巢。李秀成这时也已经进逼三河。李续宾接应未遂，老巢危急，慌忙令湘军据守，自己则带领部队在营前抵制陈玉成部。三路夹攻之下，陈玉成大破"李续宾阵门"，湘军"大败而逃"，被太平军围困于大营之中，李续宾下令严守墙垒。惊慌之下，不可一世的"湘勇"乱作一团，斗志全无。李续宾的弟弟李续焘见无生还路，建议夜晚突围。李续宾"耻于溃围，谋复固守"，于是孤据老营。李续焘带领部分队伍夜晚乘月色突围，出其不备，四散逃去。陈玉成发现后，立刻挖断河堤，断其去路。

接着，太平军"四面围攻，炮石如雨，更番迭进"，李续宾、曾国华等均被击毙，到 11 月 18 日夜，基本歼灭李续宾全军。

三河大捷是太平军在皖中战场上的一次转折性的战略胜利，是太平天国革命战争史上辉煌的一页。陈玉成乘声威大震向西进军，一举收复失地舒城、桐城。一路上，太平军声势雄壮，湘军见者少有战心，纷纷躲避。"自三河一战、桐城一战，安省之围自解"，皖中危局迅速扭转，太平天国后方恢复安宁。此次三河大捷是陈玉成以绝对优势兵力打的太平天国历史上最辉煌的歼灭战，实际上就是一场以多胜少的围歼战。在这次战役中，陈玉成集中优势兵力连续作战、各个歼灭敌人的军事原则得到灵活运用。这一典型的歼灭战典例永垂太平天国史册。

湘军精悍团队因全军覆没而元气大伤。这次大战中歼灭敌人中有四百多人是当朝文武官员，是给清军一次极大的削弱，湘军遭受沉重打击。曾国藩听闻消息之后"减食数日"，哀叹道："敝邑弁勇，自三河败后，虽多方抚慰，而较之昔日之锋锐究为减色。"胡林翼更是"仆地呕血不能起"，也哀叹道："三河败溃之后，元气尽伤，四年纠合之精锐，覆于一旦。而且敢战之才，明达足智之士，亦凋丧殆尽。斯时收集旧卒，添募新营，急迫成军，将领尚未得其选，恐一二年不能得力。""军事以气势为主，以百战之余覆于一旦，是全军皆寒，此数万人者将动色相戒，不可复战。'贼'何日得平，楚又何时可保哉！"咸丰皇帝也叹息损失惨重，"不觉陨涕"。

对太平天国来讲，三河大捷以及紧接着的一系列成功战事，使长江中游的形势发生了显著变化，基本上制止了敌人长驱直入的进攻，改变了太平天国的被动局面，形势开始好转。

其实李续宾进抵桐城时，当地士绅曾力劝他不可孤军深入。后在三河镇面对强大的太平军援军，部将也曾建议退守桐城，但他一概不听，终致全军覆没。在进攻太平天国一个月期间，他连陷四城，处处分兵驻守，结果"兵以屡分而单，气以屡胜而泄"。全体近万名兵勇，到达三河镇时仅剩六千人。而陈玉成听闻后，不敢轻敌，不仅率本部人马赶到，而且奏调李秀成，联合捻军。这样短短十天时间，太平军骤然达到十万人，是李续宾部的十六倍，以绝对优势兵力汇聚三河镇一带。不得不说，李续宾孤军犯险了。

在这场战役中，李续宾既不得天时又失于地利。三河镇是具有独特的地理形势，周围几十里都是圩田。陈玉成充分利用了这里的圩田，圩田也是湘军惨败的重要原因。

三河镇处于巢湖盆地冲积平原，这里圩堤交错，河网纵横。李续宾部队是湘军部队的精锐，分散于攻城战，但在这里他的马队难以发挥作用，又因滩多、水浅，湘军水师大船难以到达，没有水军支援，攻打本就具有城堡防御体系的三河镇变得十分困难。

陈玉成破灭江北大营和三河大捷之后，乘胜又先后打了几次漂亮仗。1859年3月，陈玉成攻破围庐州的清署安徽巡抚李孟群的大营，生擒李孟群。就在这年夏天，他以功劳最大，晋封英王。

再破江南大营

三河大捷之后，陈玉成在苏北战场和安徽战场功勋卓著，立下了汗马功劳。在1859年6月，天王洪秀全打破"永不封王"的惯例，封陈玉成为英王，昭告天下，宣布"京外不决之事，问于英王"。封王这年，陈玉成年仅二十三岁！年纪轻轻的他就统率千军万马，转战大江南北。太平天国革命形势由低潮重新转入高涨，太平军军威所至，东到上海，西至武昌。这势如破竹的军事形势的开始便是第二次大破江南大营。

时隔第一次大破江南大营已经四年了。尽管天京到江北的交通线已经打通，但是大家都心知肚明，这只能缓解形势，不能从根本上解决围困问题。只有一举拿下江南大营，才能争取到军事上的主动权，打破包围圈。

1859年初，江南大营筑成一条阔十余尺，深亦是十尺的围困天京的长壕，天京城外围困形势严峻。三月时"东北一路五十余里，营垒之外，壕墙^①逶迤……西南一路，又已驻扎四十余营，衔接四十余里"，敌人吹嘘为"万里长壕"。到5月，

---

① 壕墙：一条护城河外加一道围墙。

围攻天京的大小营垒共有一百三十余座，兵力达到四万有余，周围七百余里地之内居住的全是清军。面对重重围困，天京各部却都深陷战场，难以回援。陈玉成部队正在潜山、太湖、黄梅、宿松一带与曾国藩部队相持，抽不开身，不能移动；韦志俊（原名韦俊）则早已经叛变投靠清朝；刘官芳、赖文鸿、古隆几人则只是虚有其表，没有军事指挥能力，不能上阵杀敌；中军主将杨辅清也被曾国藩部队牵制住；京城各个城门都被和春、张国梁军队深壕重困，而且天朝内部粮食储备所剩无几。由此，太平天国陷于清军东西两面夹击的被动局面，东线形势更为危急。

针对东西线的攻势，太平天国内部高层领导者展开激烈讨论，最终决定采用干王洪仁玕的建议，兵分为二，一部向东直取苏州、杭州、上海敌人军事力量薄弱的一带，迫使江南大营撤出兵力营救，再置办轮船军火从下游沿江而上，与上游军队汇合，迅速攻取湖北的"围魏救赵"的突围计划。围苏杭援救天京的积极防御战略是符合当时"京围难以力攻"的形势的：一方面攻敌必救，分敌兵力；另一方面，"返斾①

---

① 返斾：回师。斾：代指旗帜。

自救，力破京围"。

军事计划定下之后，英王陈玉成于 1860 年 1 月初奉命虚援安徽，牵制上游的湘军。英王派军援皖西，扎营太湖、潜山之间，与副都统多隆阿等清军多次接战。多隆阿部队本就是清政府的王牌军队，英王不敢掉以轻心，联合捻军共成十万军队先攻其前锋鲍超部队。经过两天两夜的激战，太平军烧掉清军粮草营房，砍杀清军千余人。短暂休整之后，又是连战六天六夜，曾国藩等人知道后，立刻派多隆阿带领军队从四面八方火速来救。两军展开长达一个多月的拉锯战和争夺战。陈玉成部队终因长时间的鏖战久不得休整，疲软不堪而未能取胜，但是部队在安徽牵制清军主力的任务已经圆满完成。

而在东线的李秀成部队此时正在进军湖、杭。李秀成率众部"联万心为一心"，以奋一战而夺万战的雄心一路奇袭。清军大部队本就在江南大营，其余守城军队皆是残花败柳，掀不起什么风浪。李秀成进军浙江，奇袭杭州。清军听闻大惊失色，立即调军加强防守，并请和春、张国梁派军支援浙江，一时之间，浙江地主官绅只听得警报迭起。果然，和春先后派援兵不下一万三千人。围魏救赵计划初见成效。此时，英王陈玉成带领前军主将吴如孝、靖东主将刘玱琳等人自安徽西部前往攻打滁州，以免回救天京有后顾之忧。

三月，李秀成部进逼杭州，震动清军。三月中旬，攻克省城。苏杭一带自古就是鱼米之乡、丝绸之乡，也历来就是清廷财赋之区。江南大营除了围困天京的使命之外，更关键的是保卫财源之地苏、杭。江南大营每月所需饷银也全靠江浙两省供给。苏、杭一失，江南大营必不战自危，必要派兵救援。而大营兵力一分，必然势单力薄，天京方向解围便有机可趁。果然和春中调虎离山之计。杭州攻克不久后，和春立即派大军来救，李秀成见状，留下几百死士留守，其余大部队回援天京。到四月底，太平军五路大军云集天京城下，总兵力十万有余，开始发起对江南大营的总攻，战役徐徐拉开序幕。

4月27日，太平军从淳化镇五鞍山各处沿乡放火，借火势造成的混乱局面进扑长壕与清军江南提督张国梁部激战。和春、张国梁本是派兵三千扎营在淳化镇，阻遏进军的太平军。怎奈带兵的副将张威邦本就是书生身份在军中充营务处，从来没有上战场打过仗。他到淳化镇后，竟没有扎营，凭空驻守。27日，一听闻太平军来势汹汹，便灰溜溜地退回大营。淳化镇的太平军守军远远看见火光，知道是支援的军队到了。于是，人心振奋，一鼓作气添筑三个墙垒加强防护，内外夹击大营壕墙。张国梁部虽抵死相抗，但是仍然被打得落花流水，不得不退回大本营，淳化镇遂被攻破。

太平军分为东南西北中五路大军，各路再细分各部军队，分散作战，各自为阵，见长壕之下哪里有空可钻，便朝哪里下手放枪。太平军往来游弋，随处打游击，灵活作战，让清军防不胜防，搅得清军大营鸡飞狗跳，筋疲力尽。

5月1日，天朗气清，惠风和畅。攻占马鞍山并驻军于山顶的太平军意气风发，挥军直下，渐渐逼近江南大营，相隔不过二三里远。和春用千里镜（望远镜）看到，大约十路小部队，不过五千人。萧盛远见到后请求出战，和春则泰然处之，认为不足为惧，只待对手疲惫懈怠之时趁机便可一举拿下。然而，5月2日夜间暴雨轰然而至，连下两天两夜，远没有停下的意思。大雨如注，陈玉成部队各路大军都欲破大营，进攻势头一点没有减弱，反倒是兵将两方相持激战于雨中，更显得十二分的豪壮，太平军也愈战愈勇。夜里，枪炮声不绝入耳，内外夹攻从未有丝毫懈怠。张国梁觉得连日来士兵豪壮，且长期耗下去也不是办法，于是精挑细选出一支精锐打算在3日早上剿灭太平军。太平军也看出态势，于是发动当地民众跑到江南大营，奔走嚎哭，拖住清军进攻。果然心理战大胜，清军士兵见难民远远近近到处都是，号哭之声充斥心扉，真是目不忍见，耳不忍闻，留也不是，驱赶也不是，军心大乱。

5月5日，天气更加恶劣，风雨愈大，还夹杂着冰雹。天京城内太平军粮草已尽，形势越来越危急。城内干王见援军已到，为了鼓舞军心，迫不及待地冲出城墙与清军决一死战。大队士兵在长时间的压抑下，终于有机会一展拳脚，在突围时尽显男儿本色。城内太平军一路冲杀，连番向江南大营投掷出火罐（炸药包），"火药轰发，人声鼎沸"，清军阵脚大乱。英王陈玉成部与南路杨辅清部趁势扑至，内外夹击清军。

张国梁闻信带兵赶到，极力阻止，但是太平军攻势太猛不得进入，只得停留在天京城东小水关的军营。当天深夜，太平军又进行火攻，6日早上，顷刻之间，太平军攻破了小水关附近，得胜门至江边一带营垒五十余座。西南长壕首先被攻破，共打败清军官兵数万人。清军抱头鼠窜，溃败逃开。江南大营开始逐步瓦解。太平军内外消息互通，粮草也被借机带入天京城内，"重围已解，其势复张"。

第二次包围天京将近两年四个月之久的江南大营被攻破，原本协助江南大营的清军炮船也闻风潜逃，天京解围战获得全面的胜利。在江南大营溃败之际，大雨下处，道路湿滑，和春等众多将领跟跄奔走。和春历年来的奏章、笔墨、书籍，全都丢弃在大营之中。

大破江南大营后的第五天，即是 5 月 11 日，天京举行庆功会。诸军将欢庆一堂，人人脸上洋溢着胜利的喜悦，奔走相告。在庆功会上，太平天国领导集团一起商定了进一步的军事行动方针。英王陈玉成一直致力于安徽站场，主张立刻把兵力调回安徽，阻止清军对安庆等上游军事重镇的围困。陈玉成一直认为安庆是天京的门户，安庆与天京唇齿相依，而且曾国藩的湘军一直对安庆虎视眈眈。然而，为了更好地乘胜夺取江浙一带，会议最后决定"先东征再回兵西进，分南北两路合取湖北，夺取长江中游，以巩固天京革命政权"。陈玉成所率部队进入浙江，一路上大张旗鼓，旌旗翻飞，沿途许多城镇守军见势极凶猛的太平军都败退失守。陈玉成连番攻下江苏宜兴等多地，进入浙江。在七月下旬，占领浙江长兴、孝丰等多处重地。沿途，贫苦农民听说是英王军队，纷纷响应，协助太平军袭击敌人。百姓箪食壶浆迎接太平军，只为见一见农民战争的少年英雄。九月上旬，陈玉成与清军在嘉兴血战五昼夜，打伤提督张玉良，解嘉兴之围，清军纷纷败北。

　　大破江南大营及后期继续攻城占地的英王陈玉成一直肩负着支撑危难局面的重担，成了太平天国后期的军事负责人。

他对革命事业忠心耿耿，带领部队英勇奋战，取得一系列的重大胜利。陈玉成在其部队中起了中坚力量的作用，使革命形势大为好转，并迅速向前发展。

陈玉成为革命奋不顾身，能注意团结捻军共同战斗，对地主阶级的打击也很有力，又爱护群众，注意发展生产，因此能得到老百姓的拥护。他善于用兵，有卓越的军事指挥才能，部队组织严密，纪律良好，训练有素，"每队无日不操练，无一不精壮"。在这段时期中，英王陈玉成在斗争中积累了丰富的经验，成为一位成熟的优秀青年军事统领，战略战术得到充分显现。杀回马枪是早就闻名天下的，除此之外，还有快速灵活、迂回包围、避实就虚、声东击西、力争主动等。另外，最重要的是，英王陈玉成能屈能伸，在军事上不刚愎自用，服从统一调配，不是一心打大仗，做主帅，而是就算只是助攻、掩护、佯攻，也能打出太平军的气势。二破江南大营，在诸位将领的合作下，天京城外"妖穴扫荡一空"，使太平天国"衰而复振"，"军威大振"，成了新的胜利起点。就连湘军头子曾国藩也不得不佩服，承认太平军这招声东击西，围魏救赵是得意之笔。

第五章　兵败如山倒

支持新政

"任何地方发生革命的震动，总有一种社会要求为其背景。"太平天国一直以来就处于战争状态，硝烟一直笼罩着太平天国。军事上的胜利是太平天国得以稳定发展的重要因素。然而军事是政治的继续，军事上的成败又绝大程度上取决于政治领导得是否正确。自从天京事变之后，天王洪秀全日益脱离群众，沉迷于宗教迷信，政治上局势混乱。旧的一套政策已经不能再发挥激励人心、鼓舞士气的作用，军事上又大敌当前，改革也箭在弦上。

面对当前的纷乱国事，许多忠诚之士都对革命的发展前途，忧心如焚，苦思冥想解救方针，都希冀能一改当前时弊，力挽狂澜。洪仁玕自香港回到天京，期间历尽千辛万苦，目睹了大江南北的悲惨景象。街巷间、军队中、朝堂里，他发现天国人心涣散、士气低迷，攻城的威势远不及全盛时期。清军横行田间大道，民生凋敝，满眼疮痍，百废待兴！洪仁玕留洋多年，见多识广，又时值国事纷繁，政治举步维艰，他无疑是主持改革的最佳人选。于是在这样更迭变乱的飘摇时期，干王洪仁玕排除万难开始新政。

洪仁玕"奉命于危难之间，受任于败军之际"，于 1859 年 5 月"登台受印"，从此总揽朝政，天京城内大小不能决定的事务都得问计于干王。干王效法西方资本主义国家，对太平天国的政治、经济、军事战略及法制建设进行全面的改革：思想上，加强教育；人事上，加强团结；军事上，主张改进军队的素质；法制上，加以健全；文教上，进行考试制度改革，提倡纪实文风，改革历法。

改革必定伴随着守旧势力的对抗，况且干王还是直接地加入了西方先进知识，太平天国当中难免有不少人有不服之色。众多朝臣都对洪仁玕的一步登天表示不满，进而反对新政。新政实施阻力重重。

干王提出新兴政策时，英王陈玉成正大战江北。干王的新政使朝纲得到整顿，天朝重获生机；陈玉成带军有方，江北战场上胜利捷报不绝于耳，六合、浦口大胜更是激动人心，为巩固天京作出重大贡献。陈玉成不计较得失，从大局着想，极力支持洪仁玕的新政，把重建朝纲的希望寄托在他的身上。洪仁玕在法制上主张"先有法制而后有国家"，陈玉成不但举手赞成，而且特意从前线派信使送来自己在部队建立的赏罚方法的呈文。其中赏罚条例至为森严，而且原稿还被上呈天王，并御赐刊刻发行。尤其是在"救时弊"，以加强中央集权上，陈玉成有很大贡献。洪仁玕没有参过军，对军中的具体时弊也是一知半解，而陈玉成戎马疆场，常年与士兵接触，对军队了如指掌。当时恰逢陈玉成的合作将领韦志俊叛变，陈玉成的呈文对军中的拥兵自重者和阴谋叛乱者都作出相应戒备，主张削其兵权，偏将有能者代之；"官员交别将领统带，属员改用朝官，身兵改为宿卫"；主将之下各个高官不论王侯将相均不得私自携带官印，私自给予官凭，如若发现，定严惩。另外，值得注意的是，陈玉成一生尤其尊敬读书人，而太平天国又正值缺才之际，所以对文教方面的改革，陈玉成也出了不少的力。陈玉成亲自参加制定了改革文献《钦定士阶条例》。

陈玉成是五军主将之首，是天国后期的最高司令员，在太平军中极有威望。由于陈玉成大力支持干王成为军师，力主新政，其他将领的不满情绪也逐渐化解。于是天京内外一文一武，使得

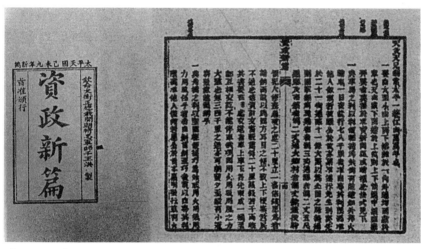

《资政新篇》书影

失去的民心逐渐挽回，衰颓的国势得到重振。

洪仁玕的新政，加强了中央集权，基本扭转了队伍中以升迁为荣，多迁为喜的极端严重的个人名利倾向，使得军令严明，军事将领更加服从中央的统一调配，取得多次大战的胜利。在太平天国局势每况愈下时节，洪仁玕的新政如同及时雨，暖在天国的人民心里。

安庆被困

太平天国政治上在干王的协调下得到相对稳定，军事上也因为众将士的团结一心再见硕果。清军方面，由于和春、张国梁的绿营兵大败，清廷遭受沉重打击，而对曾国藩来说则是时来运转。湘军曾国藩再次得到重用，被提升为两江总督，曾国藩如愿掌握江南的军、政、财政大权，指挥统一，号令通行。他根据现有湘军兵力，纵观战争全局，制定了全盘战略计划，经过协商确立了下一步军事行动目标——安庆。

曾国藩这次把整个太平天国作为主要战略目标，主张从上游向下游发动进攻，逐步推进，持续攻剿，先剪除枝叶，进攻安庆、庐州等重要县城，然后再攻占天京外围，拔除根本。在战争前夕，曾国藩为了保证决战的必胜，不顾胡林翼的再三建议，拒绝开辟新战场，认为分散兵力只会像前期一样处处挨打，只有集中兵力进攻西线才是正确之举。当苏州、常州受到太平军猛烈进攻时，咸丰连日颁布诏令保护苏常，曾国藩准确判断太平军的战略意图，不顾苏常安危，拒绝东援西撤，执行"非皖莫顾"的战略方针，力求以安庆的胜利压制太平军的凶猛进攻，掌握战争主动权。如此详细周密的进攻计划，即使是早已知晓太平天国结局的后人也没有一个不为太平天国担心。

曾国藩等制定好安庆会战的计划之后，立刻行动，对安庆实施大包围。陈玉成深知其险，先后在太湖、潜山大战，但都因寡不敌众，曾国藩用军狡诈多变而未能获胜。之后陈玉成回师安庆，却又接到天王诏令回援天京，参加二破江南大营的战事，皖北防御力量削弱。曾国藩见机增兵，率军围攻安庆，派多隆阿统军进攻桐城，阻击太平军进援安庆。李续宾、曾国荃也从湖南进入安徽：李续宾驻兵桐城与潜山之间的青草塥，作为机动部队策应曾国藩和多隆阿部队；曾国荃抵达宿松军营，担攻城任务，率兵进驻安庆北部的集贤关外。

如此，安庆三面临敌，对外联系仅仅剩下枞阳一线。所以，枞阳被攻下，安庆不攻自破；枞阳死守不破，即使三面围困十年，太平军接济线也不断，所以枞阳能否守住是确保安庆安危的关键。6月5日，湘军杨载福、彭玉麟及太平军叛将韦志俊率水路兵齐头并进，猛攻枞阳。枞阳守将求救无援，无路可走，接受湘军招降。紧接着，曾国荃逼近安庆城下，深沟高垒，开挖内外长壕（内壕以围困安庆守军，外壕以抗击援军），使安庆从此对外隔绝，处在湘军的严密封锁之中。

武昌会战

安庆告急，陈玉成心急如焚。1860年9月，陈玉成迅速从苏州撤回天京实施西征计划。英王率十几万大军由天京北上，进入皖中。英王企图从桐城正面进援安庆，但是遭到多隆阿的三路夹攻，而后又有李续宾与其上下夹攻，太平军大败，营垒全部失陷，只得退守桐城。胡林翼见英王陈玉成率军来袭，深知其用兵的神速，不敢大意，与曾国藩商议重新调整战略，集中主力抵抗英王援军，持续围攻安庆。陈玉成重振旗鼓，决定率军打开枞阳一线，从侧面救援安庆。但双方交战数日，枞阳没有被攻克，侧面援救也告失败。

陈玉成一面安抚军心，一面认真观察战争全局。深思之下，他发现湘军全力进攻安徽，后方湖北兵力空虚。于是决定大举进攻武昌，迫使湘军撤兵回援。

武昌是长江中游重镇，占有十分重要的战略位置。早在第一次西征的时候，石达开等太平天国将领就看到了武昌、安庆、九江的重要性。一直以来天京上游的长江中游三大据点一直是湘军和太平军短兵相接的地方。太平天国后期总理朝政的干王洪仁玕作战略分析时常把长江看作长蛇，湖北是蛇头，安庆是蛇中，下游苏州、常州则是蛇尾。如今湖北没有纳入，安徽如果有失，长蛇便会从中间折断。这也是为什么英王一直致力于安徽战场的原因。1860年9月，太平天国军事领导中心决定两路会师湖北武昌：陈玉成率部在长江北岸，由安徽进湖北，攻武昌北面；李秀成率部在长江南岸，从江西经湖南岳州，攻武昌西面。同时增加侍王李世贤和辅王杨辅清两支军队在长江南岸配合：李世贤率部横渡鄱阳湖，从江西南昌入湖北，攻武昌南面；杨辅清率部从江西湖口、九江到湖北，攻武昌东面。但是这个会议决定遭到李秀成的反对，他以为攻占江浙后便可高枕无忧。当然，最后被驳回。

　　但是进攻武昌的绝佳时机已经错过三个月，而且救援兵力也在多次会战中损失重大。1861年3月6日，英王乘湘军守备空虚，率领大军从桐城出发，日夜兼程，直取西南。一路上，他们乔装成清军神出鬼没，长驱直下，直抵武昌城外。湖北一带的清军力量非常薄弱，武昌只有两千守军，既不能战，也不能守，官僚地主纷纷逃命，城里一片混乱。胡林翼在安徽心急如焚，自责自己"笨人下棋，死不顾家"，急急忙忙派水路军队援救武昌。

但是与陈玉成相约于3月两路大军会攻武昌的李秀成大军西征行动迟缓，直到1860年12月才经皖南进至江西婺源。而且，李秀成贪恋苏常，一路上消极避战，沿途走走停停，遭遇湘军，绕道而行，不能按期与陈玉成会师武昌，因此英王不敢孤军犯险。而且此时外国侵略者又倒插一脚，3月英国水师提督何伯、参赞巴夏礼来武昌巡查通商口岸事宜，见到这种情况，生怕自己的利益受到影响，就以保护在武昌的商业利益为借口公然出面干涉，公开援助清朝统治者，阻扰太平天国进攻包括汉口在内的通商地区。巴夏礼颠倒是非、混淆黑白，说太平军夺取武昌会损害完整的大商港的贸易，还说太平天国与英国签订了协议，不会破坏任何英国的租界的商业利益。由于历史条件和阶级的局限性，英王当时对外国侵略者缺乏正确认识，没能看透英军的侵略本性，没有看清它联合封建地主阶级以压榨中国人民大众和绞杀革命的罪恶阴谋。英王在紧要关头被巴夏礼的强盗逻辑所蒙蔽，犹豫不决，生生放弃了迅速攻下武昌三镇的战机，致使局势逆转而下。

李秀成消极迁延，贻误战机，真是亲者痛仇者快。若果李秀成能如期与陈玉成会攻武昌，再直奔安庆，曾国藩也未必能稳操胜券。李秀成迟迟不肯出兵，进军途中采取消极对抗的态度。他不按照军事计划去攻打被湘军占领的祁门大营。那时，祁门大营处于太平军包围之中，只要李秀成出兵，曾国藩必死无疑。然而他却害怕曾国藩在这里拥重兵，不敢攻打，怕损失自己的军事力量，而是绕到江西，使曾国藩绝处逢生，也为太平天国的覆灭埋下炸药包。他一心想扩充自己的势力，把西征军事计划当作儿戏，随心所欲，破坏这个关系全局的军事部署，致使第二次西征和武昌会战功败垂成。更严重的是安庆无法解围，对太平天国的失败有一定的责任。

安庆失守

1860 年天京军事会议之后，太平天国外部的主要困难则是中外反动派为镇压太平天国、屠杀中国人民而结成的反革命联盟。第二次鸦片战争结束之后，清政府完全沦为外国侵略者的走狗，两相勾结共同镇压革命，使得太平天国转入与外国侵略者直接战斗的时期。1861 年 9 月 5 日，军事重镇安庆的失守便是在这种双重困难的形势下出现的。

安庆，是金陵门户，皖北要冲。安庆是当时安徽省的政治经济中心，安徽又历来是屏障长江中下游的战略要地，再加之九江的陷落，安庆就显得更加重要。在军事上，安庆进可攻退可守；在经济上，是运输中转基地，交通要冲。安庆的重要地位一直受到天王、干王、英王的重视。英王陈玉成在1860年曾说："自古以来，建都天京都要守住上游。如果守不住上游，下游就不能确保。如今武昌、九江尚未克复，天京的屏障只有安庆。安庆的得失关系到太平天国的存亡。"洪仁玕也认为安庆是天京的锁钥，必须保障其安全。曾国藩也看到安庆的重要性，深知要灭天京，必须先占安庆。所以，在双方投入主要兵力的安庆战场展开的殊死搏斗注定胶着。

太平天国英王府遗址

太平军二次西征的战略动机曾国藩一眼看穿，深知太平军群起兵分两路沿江北上的战略意图无外乎是援救安庆。尽管武昌能侥幸保全，太平军都会以全力进攻围困安庆的湘军部队。即使是不能保全，武昌失守，太平军也一定会留下小股部队牵制武昌，而派大部队回援安庆。因此，曾国藩始终把战略重点瞄准围攻安庆，同时还反复告诫其弟曾国荃："此次安庆得失，关系天下安危。"实际上曾国藩这一做法显得呆滞，缺乏应变的机动性，如果太平天国的二次西征针对湘军的这一要害实施战略打击，很可能取得重大军事效益，挫败曾国藩的战略计划。然而，太平军方面发生了一系列的贻误。先是英王与忠王两路大军会攻武昌援救安庆的计划以失败告终；接着是皖南战场上的太平军一直没有借机狠狠打击湘军的祁门大营。如此一来，太平军陆续失去解围安庆的时机，导致在安庆争夺战中愈来愈处于被动地位，最终被迫被曾国藩牵着鼻子走，直接与湘军展开战略决战。

安庆外围如铁桶一般被围困。湘军构筑围城防御圈，加强弓箭据援的地位，切断安庆对外水陆交通，欲图反客为主，使安庆守军在弹尽粮绝的情况下不攻自破。湘军拥有强大的水师，控制长江水面，对安庆的围困封锁尤其有效益。曾国藩意欲围城打援，消灭陈玉成部队，因此在外围布置了水陆劲旅。

1861 年 4 月 27 日，英王陈玉成自湖北回救安庆，率军进至集贤关，并派平西主将吴定彩率千人进入安庆驻守。29 日，陈玉成又会同安庆守将叶芸来，在安庆城东的菱湖南北两岸修筑营垒十八座，并用小船向城内运送粮食，以通往来。曾国荃立即派炮船作战，企图切断安庆与援军联络。但是陈玉成素来善于攻城守城，又调手下强将平西主将吴定彩从安徽、江苏来救，所以，陈玉成守城期间，太平军严守阵地，毅然决然，曾国藩久攻不下。

当时敌我双方互相包围，形势犬牙交错，对战争胜利十拿九稳的曾国藩也坐立不安，甚至丢下祁门大营，一度到安庆对岸督战。胡林翼更是失魂落魄，气得破口大骂。

5 月 1 日，干王洪仁玕、章王林绍璋、前军主将吴如孝等率天京援军两万余人也赶至安庆附近，希望与陈玉成部队会合，共解安庆之围。5 月 2 日，多隆阿率兵几路夹击太平军援军，太平军大败，部队退守到桐城，初次援救失利。5 月初，太平军多次进攻，但湘军阻击势头太猛，逐步设伏，太平军情急之下，多中计。援军连连受挫，兵势衰微。

曾国藩一直以来把英王陈玉成视为"眼中钉""肉中刺"，认为陈玉成的存在对清军是一个重大威胁，对太平天国的天京政权是一个安全的重要保障，于是决心借机在安庆歼灭陈玉成部队，紧急调令鲍超和成大吉两支部队前往集贤关支援。多隆阿在击败援军之后，也迅速率兵前来会攻陈玉成部队。5月上旬，陈玉成自集贤关多次进攻曾国荃围城部队，但是都遭到湘军的围追堵截，战事毫无进展。这时，又传来洪仁玕、黄文进援军败北和敌人援军相继到来的消息，英王为了避免被湘军四面合围的局面，再次部署兵力救援安庆和研究协同作战的办法。19日，陈玉成便留守八千人守集贤关及菱湖两岸各垒；令靖东主将刘玱琳、傅天安等率四千人守关外赤岗岭四垒，让他们坚决死守等待援军，以牵制湘军援军；而陈玉成自己则率军六千飞奔桐城与洪仁玕商议再次援救计划。

5月23日，陈玉成、洪仁玕、林绍章、黄文金及捻军首领等共率三万余人，由挂车河①至棋盘岭列队二十余里，分三路进攻多隆阿。第二天双方大战，多隆阿指挥大军五路迎战。一场军队力量与力量的搏战开始了。不幸的是太平军全线崩溃，只好再次退守桐城。

援军再次被打败，这就使得陈玉成留守在关外赤岗岭的

---

① 挂车河：安徽省桐城市境内的河流。

太平军孤立无援，守城困难，时时面临着被围歼的命运。曾国藩也看清形势，命鲍超、成大吉猛攻营垒。同时命曾国荃开挖长濠，切断太平军的退路。太平军进退无路，多被湘军水师的枪炮所伤，营墙也被大炮轰塌，第二、三、四垒的太平军走投无路只得接受招降，唯独留下第一垒的刘玱琳守军负隅顽抗，誓不投降。刘玱琳见守无可守，便趁夜突围而去，鲍超愤怒，集中所有兵力悬赏追击。刘玱琳部全军覆没。这一战中，刘玱琳等将领皆是陈玉成一手培养起来的绝顶骁勇战将，这支部队是他手下第一勇猛的军队，久经考验，战斗力强悍，而且善于坚守阵地。陈玉成一直以来南征北战，所向无敌都是依靠这支部队。如今精锐部队丧命于此，陈玉成的战斗力也日渐衰竭，安庆保卫战愈加困难。而且太平天国后期军队战斗力减弱，陈玉成的部队是最强悍的，陈玉成的精锐军队被灭，安庆会战胜利的机会更加渺茫了。

安庆已经被围困一年整，城内粮尽弹绝。湘军日夜守备森严，外围无法接济城内。英王忧心如焚。面对恶化的局势，所有太平军的唯一希望是忠王李秀成对武昌的进攻。然而大失所望的是李秀成不攻东返，继续图谋江浙。英王只得在安庆外围发动攻势，希望突破小口，运粮入城救急。但不管是直接的进攻，还是突袭间接救援，都没有丝毫的胜利希望。

1861 年 8 月，太平军辅王杨辅清来援，众将士破釜沉舟，决定进行最后一次进攻。不成功便成仁！但这极端不利的军事形势，也就决定了陈玉成的劳而无功。8 月 6 日，太平军分三路大军共同进攻。陈玉成、杨辅清率兵绕道宿松，进攻太湖，试图以此援救安庆。湘军多隆阿、谭仁芳、雷正绾相应派军接战。太平军连日苦战，到 17 日，陈玉成也被击退。18 日，曾国荃故伎重施，攻破安庆北门营垒，切断太平军撤退的唯一路线。陈玉成自上战场以来，从没遇到过如此失利，心下不甘，决定再次努力。

　　8 月 24 日，在陈玉成的指挥下，太平军经过半个月的艰苦奋战，冲破了清军的阵线，率四五万将士陆续进入集贤关，在关口、十里铺一带扎营四十余座。吴定彩、叶芸来等人在西门接应，试图内外夹攻突破重围。当时群情激奋，斗志昂扬，战斗持续了几天几夜。25 日，英王、辅王亲上前线，指挥太平军分十路小部队作扇形从集贤关出发，反攻清军的后背，士气大受鼓舞，打了个敌人措手不及。湘军反应过来负隅顽抗。27 日，英王、辅王再次组织攻击部队，发起新的猛烈攻势。陈玉成亲自指挥援军猛烈进攻敌军长壕，身先士卒，带头一边冲杀，一边用草填壕沟。军队前仆后继，攻势凶猛，突破第一层壕沟防守。曾国荃丧心病狂驱使部下拼命抵抗，失去一个营垒就再筑起一个新的营垒。短兵相接处，大刀长枪交错，太平军英勇顽强。尽管太平军将领和士兵都视死如归地战斗，连续进攻十多次，但是清军掌握着战争的主动权，凭垒顽抗，江面水师又大炮常鸣，始终没有突破敌人的防线。

9 月初，安庆城内米粮断绝，援军一直处于败势，守军饥饿疲惫交迫，日渐绝望。9 月 4 日夜，湘军炮轰安庆北门，城墙倒塌，敌人蜂拥而至，5 日，安庆被攻陷。至此，安庆保卫战彻底失败。

安庆陷落后，湘军大肆烧杀抢掠，对守军太平军进行残暴屠杀，对支持太平军的安庆人民进行报复，罪行累累。安庆这座城市的陷落，对太平天国革命事业是一个致命打击。首先，安庆陷落，湘军便掌握了战争的主动权，也有了进攻天京的基础，天京暴露在敌军的枪口之下。随之而来的是，安庆到天京沿途的城镇的相继失陷，天京险矣。其次，安庆保卫战失败的另一个严重后果是陈玉成军团的覆灭。曾国藩围安庆的一个重要目的就是消灭援助的陈玉成劲旅。果不其然，反复的进攻使陈玉成部队伤亡惨重，良将尽失。

安庆战场的失败，是太平军陈、李两路部队不能协调作战的惨烈后果。其中李秀成要负主要责任，而英王陈玉成也有一定责任。陈玉成在关键时刻缺乏信心，犹豫不决，坐失良机。

太平天国革命的高涨形势随着安庆失守而宣告结束，紧接着，兵败如山倒。安徽根据地丧失，军事主动权丧失，太平天国政治经济都受到强力的冲击。

英勇就义

安庆陷落之后，许多名城重镇相继失守，天国震动，人人担忧。天王大怒，再加之洪仁发等人吹耳边风，一怒之下将陈玉成和洪仁玕的爵位贬掉，同时洪仁玕官降三级，打发去处理外交事务；而陈玉成被革职留用。洪仁玕是天国后期唯一能主持朝政的人，陈玉成是难得的用兵神武的军事统帅。两人遭到贬职，无异于自断左膀右臂，太平天国再无人管理朝政，也再无带兵之人。洪秀全为了解决这个问题，组建了以幼西王萧有和为首，洪仁发为辅，洪仁达为弼的内阁，从此军政大权落入洪氏家族手中。洪秀全害怕人民不服，遂将太平天国改名为"天父天兄天王太平天国"，假借天父之言，编了一个"朝天朝主图"；害怕将士不服，于是大肆封王：加封陈德才为扶王，梁成富为启王，赖文光为遵王，蓝成春为祐王等等。在1861年到1864年这短短三年之间，封王二千七百多人。

安庆失守第二天，陈玉成怀着巨大的悲痛率兵退出集贤关，一路上清军直追不放，部队且战且退，经桐城到石牌。杨辅清军队与陈玉成分开折回皖南，而陈玉成打算上德安、襄阳一带，招兵买马，以图恢复，但是大败之后，军心涣散，兵将不从，于是只得从六安撤退到庐州据守。

庐州是淮南重要的军事阵地，东可以支援天京，西可以呼应陕西部队。陈玉成坐镇庐州就给将来革命势力在长江北岸的恢复提供了一个十分重要的战略据点。到庐州之后，陈玉成派马融和、邱远才和陈得才、赖文光等率队远征西北，以期"广招兵马"，尽早收复安庆；而陈玉成则请命自守庐州，一面进军获取粮食，支援天京，一面远程指挥皖北军事，准备反攻。

1862年1月，西北远征部队出发，一路奔驰，快速进入陕西，进逼西安，威震西北。远征军出发后，曾国藩见陈玉成孤守庐州，立刻派多隆阿带军进攻庐州。"清朝荆州将军多隆阿纠集安庆、桐城、舒城、六安等处军队来犯庐州，逼扎东、西、南三门外，定远清军也到城东北十多里扎营，四面围团，日夜进攻到城边。"陈玉成留下的精锐部队全都远征西北，难以抵挡清军的强烈攻势。然而在紧急情况下，陈玉成向天京修书求救，又一直没有回应。再加上退守庐州城，本就是临时起意，没有做好充足的粮草储备，所以城内粮食短缺，坚守困难。

3月初，多隆阿侵占庐州附近的买卖街、大兴集、长宁河、中庙等地，这时清朝钦差大臣袁甲三的军队也从庐州北面夹攻。在粮尽援绝、强敌压境的危险情境下，陈玉成仍披坚执锐，指挥余部加强防守工事，修筑垒卡，挖掘壕沟严阵以待。在如此险恶的环境下竟然强力坚持了三个月之久。最后，实在因为弹尽粮绝，兵力薄弱，不得不放弃庐州，突围北走。

在庐州即将陷落之际，据守安徽寿州的安徽省团练苗沛霖写信给陈玉成，声称寿州兵多粮草充足，用极其谄媚的谀辞来谄媚陈玉成，请陈玉成前去，并说可以派出很多兵力帮忙攻打河南开封，还说："孤城独守，兵家所忌。以英王盖世英雄，何必为这股残妖所困。"陈玉成一向认为如果攻下开封，黄河以南，长江以北都将收入旗下，甚至可以渡过黄河直捣京城。苗沛霖的口蜜腹剑正好戳中陈玉成的心坎。陈玉成多次与部下商议此事的可行性，当时众多部将也表示对苗沛霖这个墙头草的不满，认为苗沛霖本来就是一个地主土匪武装头子，曾经投靠清政府，在受到天京分封后又接受胜保的利诱，投降清朝，这样一个反复无常的小人，不可信。部将都坚决抵抗去寿州的计划，一些将领认为到寿州不如回京面见天王，重振旗鼓，再图报仇雪恨。可是陈玉成此时心急如焚，急功近利，在如此绝境里得到一根稻草实在不愿意放弃，又骄躁自傲，不愿领败师回京。于是他不顾大家反对，拒绝再议，一意孤行，非去寿州不可。

五月中旬，陈玉成率领所部四千人从庐州北面突破清军三座营垒，连夜赶往寿州。苗沛霖接到陈玉成前来的消息，就派侄儿苗景开到下蔡迎接，指使部队大开城门迎接陈玉成，暗中却埋伏雄兵。陈玉成不疑有他，把两千名百战精锐的卫队都安顿在城外，只带从官二十多人进城。待陈玉成和将领进城后，苗沛霖立马紧闭城门，撤去吊桥。伏兵全部出动，陈玉成二十多人被团团围住。双拳难敌四手，众将领筋疲力尽时全部被俘。当时，太平天国人民听说英王被俘，编顺口溜大骂苗沛霖——小巴狗，苗沛霖，摆着尾巴求骨头，骗拿英王受了赏，骂破舌头不解恨。

陈玉成被俘获以后，坚贞不屈，大义凛然。苗沛霖不敢见他，只是叫侄子苗景开去劝降。陈玉成满腔愤恨，大声斥责苗沛霖是个无赖小人，是墙头草，风吹两边倒；龙胜帮龙，虎胜帮虎。陈玉成对苗景开说，"我只可杀，不可辱"，事已至此，全凭处置。苗沛霖拿陈玉成没有办法，只得把他交给钦差大臣胜保。

胜保曾经多次在陈玉成手下吃败仗，特意将军营布置一番，才命令将陈玉成押解到军营。胜保稳坐帐中，四周旗帜枪炮排列森严，两旁将官佩刀站立，耀武扬威。陈玉成昂然走入，周围将士让他跪下回话，陈玉成不但不跪反而大声斥责胜保说："本总裁是天朝开国元勋，三定湖北，九下江南。你是本总裁手下败将，见仗即跑。本总裁曾饶过你的狗命，好不自量的家伙！"胜保得意洋洋地说如今你还不是落入我的手中。陈玉成嘲笑道："我误中苗贼毒计，陷入网罗，与你何干。我今天死，苗贼明天就要死在我军手里。你应该记得合肥官亭那一仗，你骑兵二万，与我战后，还有一兵一卒幸存的吗？"胜保满脸羞惭，一时无语。过了半晌，又恬不知耻地来劝陈玉成投降。陈玉成勃然大怒："大丈夫视死如归，何饶舌尔！"

胜保见陈玉成软硬不吃，大怒，命令押送到京城去，任皇上处置。这时西征军陈得才、赖文光听说不幸消息之后，立马出潼关，火速赶往河南西部谋求救出英王。清政府听说有劫囚车的部队，生怕稍有闪失，会令陈玉成归山，立即下令处死陈玉成！ 1862 年 6 月 4 日，陈玉成就义于河南延津西教场。时年二十六岁！

陈玉成的遇难是太平天国后期军事上的重大损失。从领兵作战以来，陈玉成一直连番奔波于各个战场，以小小血肉之躯为太平天国换来一座抵御清军湘军的长城，从来不计较个人得失，一心报答天王的赏识之恩，太平天国百姓的信任之情。陈玉成的牺牲，使安徽局势急剧恶化，湘军变得有恃无恐，迅速东下围困。干王洪仁玕对陈玉成之死痛心不已，说："如英王不死，天京之围必大不同，因为若彼能在江北活动，令我等常得交通之利，便可获得仙女庙及其附近诸地之源源接济也。英王一去，军势军威同时堕落，全部瓦解。"

太平天国革命英雄陈玉成墓碑

后记

"醉卧沙场君莫笑，古来征战几人还。"陈玉成短暂的一生一直驰骋在角声漫天的战场上，披坚执锐，血染征袍，终是用自己的鲜血奉献了最后一丝对革命的忠诚。看到陈玉成一生的赫赫战功，谁能想到其实他长相秀美，绝无杀气。晚清名将曾国藩评论他"汉、唐以来，未有如此贼之悍者"，谁又能想到其实他身材并不魁梧，"不逾中人"；清朝众多将领对他恨之入骨，畏之如虎，说他凶狡杰出，谁又知道他谈吐风雅，尤其喜好读书。如果不是这样一个人吃人的世界，也许陈玉成就是平常的陈玉成，如你我一般平凡，拥有一个安定的环境，可以在父母的呵护里长大。如果不是这样一个动乱的年代，也许喜爱读书的陈玉成会是翩翩公子，素衣长袍，玉冠垂发，安度一生。但是这样的年代，这样的时机注定了陈玉成走向战场，为了自己的信念而战，为了信任他的国家人民而战。

他一生短暂，却耀眼得无人可以忽视。虽然是短短的二十六年，他却活出了自己的人生，令敌人谈及便风云色变。从小兵开始，到武昌一鸣惊人，再到之后各个战场上的出色发挥，陈玉成仿佛太平天国的神兵天降。他矫健的英姿，运筹帷幄的智略，冲锋陷阵的勇猛无一不让我为之倾倒。

"英王陈玉成用兵如神，往来飘忽，如健鹰搏空，一瞬千里，敌莫测其所至。"统率千军万马，转战大江南北。写作期间的许多个夜里，我依稀看到旌旗翻飞的战场，陈玉成身骑白马，长缨向天的情景，深深为他折服。

我认为陈玉成是伟大的，而一个人的伟大不是看他做了些什么，在其位谋其政，做得出色也是应当的；应当看的是他给后来者留下了什么。陈玉成留给太平天国的是变乱后八年的安稳生活，留给他死后的天国的是一批骁勇善战的将才，留给今天的我们的是一颗为了梦想坚持不懈地奋斗的心。

太平天国去陈玉成一人，江山也去了一半。"何以成败论英雄，浩浩乾坤酒一杯。"

陈玉成年谱

1837 年　出生

陈玉成出生于广西藤县，幼时父母双亡，依靠叔父陈德才生活。

1851 年　15 岁

陈玉成随叔父扶王陈德才参加了金田起义。他在童子军中表现极为出色，苦练一身好枪法，不久便当上了童子军的首领。

1853 年　17 岁

3 月 19 日，太平军定都天京后，陈玉成被提升为"左四军正典圣粮"，主管军粮。

1854 年　18 岁

陈玉成在奇袭武昌的战斗中，表现勇敢，建立首功，被提升为殿右三十检点（三十八指挥，位在丞相以下），统领后十三军及水营前四军。

10 月，武昌失守，退守蕲州，陈玉成随全军退出湖北。

1855 年　19 岁

1～2 月，太平军在湖口、九江先后大败湘军水师。陈玉成奉命随秦日纲、韦俊部趁胜挺进湖北，占领武昌。

4 月，随秦日纲、韦俊攻克武昌。

1856 年　20 岁

陈玉成提升为冬官下丞相。同年，随燕王秦日纲去救援镇江，在城外与清军相持不下。陈玉成冒死到镇江城内，和守将吴如孝取得联系，内外夹击清军，解镇江之围。紧接着太平军云集天京周围，乘胜力拔清军"江南大营"，太平天国军事形势达到鼎盛时期。

9 月，洪秀全策划天京事变，太平天国元气大伤，此后一段时间内太平军战略以稳守为主，只有陈玉成与李秀成奉命在安徽一带发起局部反攻。

1857 年　21 岁

1 ～ 5 月，陈玉成与李秀成在枞阳商议配合作战事宜后，先后克无为、庐江、舒城等地。

5 月，战线由安徽推进至湖北，陈玉成率军连克多城。

10 月，陈玉成被封为又正掌率，成天豫。

1858 年　22 岁

太平天国恢复了五军主将制，陈玉成为前军主将。

8 月，陈玉成、李秀成约集太平军各地守将大会于安徽枞阳，制订粉碎江北大营和江南大营以及制止清军进攻天京的作战方案。

9 月，陈玉成与李秀成部会师乌衣，奋力合击清江北大营统帅德兴阿和蒙古都统胜保，取得乌衣之战的胜利。接着，陈玉成与李秀成攻破清军江北大营。这次胜利缓和了天京危机，使太平天国在天京事变和石达开出走后的被动局面开始扭转，军威得到了重振。

11 月 3 日，湘军精锐李续宾带领六千精锐围攻三河。陈玉成随即渡江赶回天朝，奏请后军主将李秀成同赴三河，遂连夜驰援庐州（今合肥），在三河之战中，以迂回包抄战术断敌退路，全歼李续宾部，取得三河大捷。

1859 年　23 岁

3 月，陈玉成在安徽官亭大败清安徽巡抚李孟群军，生擒李孟群。

3 ～ 6 月，陈玉成在安徽三次击败清钦差大臣胜保军。

6 月，洪秀全打破不再封王的规定，晋封陈玉成为英王。

10 月，在陵子口击败清总兵冯子材部，六合之围得解。

11 月，与李秀成联合进攻浦口，毁清营五十余座，击毙清提督周天培。因安庆告急，率军西上。

1860 年　24 岁

陈玉成会同各军再破江南大营，东征苏州、常州。

夏，曾国藩率军直逼安庆。6 月，完成对安庆的合围。

11 月，陈玉成率部西征武昌途中图解安庆之围，未能取胜。

1861 年　25 岁

1 月，陈玉成又分兵攻枞阳，欲打破敌合围，也未成功。

4 月，陈玉成率太平军与曾国荃所部水陆师大战于安庆城郊，未能取胜。

8 月，陈玉成率援军再救安庆，苦战半月有余，劳而无功。

9 月，安庆陷落，陈玉成率部退到庐州（今合肥）。

1862 年　26 岁

5 月，陈玉成退出庐州，至寿州，准备暂依苗沛霖（苗沛霖已暗地投靠清军），被苗沛霖出卖，被捕。

6 月 4 日，陈玉成英勇不屈，就义于河南延津，时年 26 岁。

附录

太平天国运动概述

太平天国（1851—1864 年）是从清朝咸丰元年到同治三年由农民起义军创建的农民政权，也是清朝历史上最大规模的农民战争。后期曾先后改称上帝天国、天父天兄天王太平天国。

1850 年年末至 1851 年年初，由洪秀全、杨秀清、萧朝贵、冯云山、韦昌辉、石达开组成的领导集团在广西金田村发动反抗清政府的武装起义，后建立"太平天国"，并于 1853 年攻下金陵（今南京），定都于此，号称天京。1864 年，太平天国首都天京被湘军攻陷，洪秀全的儿子、幼天王洪天贵福被俘，标志着运动失败。1872 年，最后一支太平军部队，翼王石达开余部李文彩在贵州败亡，太平天国的历史终结。

太平天国历时十四年，达到了旧式农民战争的最高峰，不仅是中国历史上第一次在南方兴起而波及全中国的农民战争，也是世界历史上规模空前的一次农民战争。

金田起义

1844 年（清道光二十四年），洪秀全与表亲冯云山、族弟洪仁玕从梁发①《劝世良言》中吸取某些基督教教义。同一年，洪秀全偕冯云山在广西传教，秘密进行反清活动。1850 年夏，洪秀全发布总动员令，号召各地拜上帝会众到桂平金田村"团营"。同年年底，太平军先后在思旺和蔡村江与清军展开战斗，由此开始了与清廷的武装对立，初以"太平"为号，后建国号"太平天国"，并实行公有财产制。1851 年 1 月 11 日，洪秀全生日，

① 梁发（1789～1855）字济南，号澄江，生于广东省肇庆府高明县古劳村的一个农民家庭。他是基督教第一位华人牧师，也是基督新教的第一位中国传教士和第一个参加近代化中文报刊编辑、出版工作的中国人。他当时吸收的信徒主要是广东人。他用很浅显易懂的话把基督教的教义和部分《圣经》精选出来编成《劝世良言》。

拜上帝会众万人在金田村"恭祝万寿"，洪秀全正式宣布起义，后世人将这一天定为金田起义纪念日。3月23日，洪秀全在广西武宣登基称太平王，后改称天王。清廷得到消息后，调集兵力进行"围剿"。太平军向东南发展受阻后转至广西武宣。3月23日，洪秀全在武宣东乡自称"天王"，并分封杨秀清为中军主将，萧朝贵为前军主将，冯云山为后军主将，韦昌辉为右军主将，石达开为左军主将。5月16日太平军由东乡突围北上象州，因遭清军堵截，折回金田地区，被包围。

永安建制

1851年9月下旬，太平军突围北上攻占永安，粉碎清军围攻。太平军在永安一面抗击清军进攻，一面进行军政建设。12月在永安城分封诸王，封原中军主将杨秀清为"左辅正军师"东王，称九千岁，原前军主将萧朝贵为"右弼又正军师"西王，称八千岁，原后军主将冯云山为"前导副军师"南王，称七千岁，原右军主将韦昌辉为"后护又副军师"北王，称六千岁，原左军主将石达开为翼王，并诏令诸王皆受东王节制。太平天国在南王冯云山的构想基础上建立了初期的官制、礼制、军制，推行自创的历法——"太平天历"。

突围北上

1852年（咸丰二年）4月5日，太平军自永安突围，北上围攻省城桂林不下，继续北上，在全州蓑衣渡遭遇清军江忠源部拦截，冯云山被清军炮火击中，伤重死亡。后太平军进入湖南道州（道县），在此整顿队伍，并作出"专意金陵，据为根本"的战略决策。8月，西王萧朝贵听闻长沙兵力空虚，率偏师进攻长沙，9月12日在攻城时战死。洪秀全、杨秀清闻讯后急率主力来到长沙城下，但此时清政府已重兵云集，太平军攻长沙近三个月仍未能成功，撤围北上，于12月攻克岳州（岳阳），建立水营。

定都天京

1853年1月，太平军攻下武昌，清廷震动。2月9日，洪秀全等率领号称五十万众、船一万余艘，夹江东下，连克九江、安庆、芜湖，势如破竹。3月19日占领江南重镇江宁（今南京），定为都城，改称天京，正式建立了与清王朝相对峙的太平天国农民政权。不久后，派军分别攻占镇江、扬州，与天京形成掎角之势。

出师北伐

太平军攻占江宁后不久，清军即赶来堵截。钦差大臣向荣率万余人在天京城东建立江南大营，阻扼太平军东出苏州、常州；钦差大臣琦善率万余人在扬州外围建立江北大营，遏止太平军北上中原，同时拟南北配合，伺机夺占天京。洪秀全、杨秀清决定固守天京，同时派兵北伐京师，西征长江中游。

1853 年 5 月北伐军从扬州出发，经安徽、河南等地，进入直隶，逼近天津，咸丰帝宣布京师戒严，以胜保为钦差大臣，后又任命惠亲王绵愉为奉命大将军、科尔沁郡王僧格林沁为参赞大臣，会同胜保"进剿"。8 月，北伐军进攻天津失利。1855 年 3 月林凤祥在连镇突围被俘，4 月 3 日在北京就义。李开芳退守山东茌平冯官屯，被俘后被押解北京，6 月 11 日被凌迟处死。北伐军将士英勇善战，但由于战略上犯了孤军深入的兵家大忌，终致全军覆没。

领军西征

北伐的同时，1853 年 6 月 3 日，胡以晃、赖汉英、曾天养、林启荣等奉命督战船千余，溯江西征，意欲夺取安徽、江西，进图湖南、湖北，控制安庆、九江、武昌等军事要地，以屏蔽天京。西征军先后攻下安庆、九江、武昌等地。为反击太平天国，1853 年 3 月底清钦差大臣向荣在金陵城外孝陵卫建"江南大营"。4 月 16 日，清钦差大臣琦善在扬州城外建"江北大营"。

1854 年，西征军在湖南遭遇新建立的湘军抵抗，湘军反攻至九江附近。1855 年初，翼王石达开大破湘军，覆陷武昌。1856 年 3 月，石达开奉命率主力回救天京，西征作战结束，基本实现预定战略目标。自太平军北伐、西征后，天京一直处于清军江南、江北大营的包围之中。1856 年 4 月 5 日，太平军再克扬州，攻破"江北大营"。1856 年（咸丰六年）6 月，太平军攻破"江南大营"，天京的威胁基本解除。清军统帅向荣在 8 月 9 日自杀。

天京事变

太平天国前期，军政大事由军师负责，洪秀全退居幕后少理朝政，大权落在东王杨秀清手上。1856 年 8 月，杨秀清居功自傲，逼洪秀全封他为"万岁"，洪秀全密令韦昌辉、石达开回京相救。9 月初，杨秀清及其部属数万人被韦昌辉残杀。不久，韦昌辉又被洪秀全处死。天京事变后，太平天国合朝推荐石达开主持朝政，但洪秀全却忌惮石达开的声望才能，不肯授予他"军师"的地位，只封他为"圣神电通军主将义王"，石达开因遭洪秀全疑忌，于1857年5月负气出走，率数万将士脱离天朝，独立作战。虽继续反清，但远离根据地，于1863年6月在四川大渡河畔覆灭。

经此"内讧"，太平天国受到极大损害，军事形势不断恶化，武昌、九江相继失守，湖北、江西根据地大部丢失，只有安徽战场控制地区略有扩大。天京事变使三王被杀，翼王远走，是太平天国由盛而衰的转折点。

防御战

1858年，清军乘太平天国内讧之机，重建江北、江南大营，再次围攻天京。4月，洪仁玕到达天京，被封为干王。为解京围，后军主将李秀成请命出京，与前军主将陈玉成在安徽枞阳举行会议，确定作战方略。1858年9月，陈玉成、李秀成率军攻占浦口和扬州，大破清军江北大营。清军乘太平军东下，攻安徽、据太湖、扑安庆，李续宾率湘军连陷潜山、桐城、舒城，攻三河镇，进逼庐州。陈玉成率兵救援，李秀成援军继进。11

月 14 日，陈玉成部攻克三河清营，次日两军决战。太平军歼清军六千人，击毙李续宾（一说自缢）、曾国华。湘军被迫从安庆撤回湖北。

1860 年初，江南大营再次合围天京。忠王李秀成与干王洪仁玕商定采取"围魏救赵"之策，解救京围。2 月 10 日，李秀成率两万余人经皖南入浙，攻占杭州，诱使江南大营分军往救。清军援兵抵达杭州后，太平军弃城昼夜兼程北返。4 月下旬，各路太平军进抵天京外围。5 月 2 日，再破江南大营，并乘胜东征，连占句容、丹阳、常州，6 月 2 日占领苏州。接着进军上海，因内应被破坏，又遭英法侵略军阻击，失败。正当太平军进攻上海之际，清两江总督曾国藩、湖北巡抚胡林翼督率湘军水陆师五万余人东下进围安庆。9 月，洪秀全调集大军，西上救援。陈玉成率军走江北，李秀成率军走江南，约定次年 4 月"合取"湖北，迫使湘军回救，以解安庆之围。

1861 年 3 月，陈玉成占领湖北黄州，由于受到英国侵略者恐吓阻挠，停攻武昌，4 月下旬返回安徽。李秀成部迟至 6 月才抵武昌外围，得知陈玉成部先回安徽，也东返浙江。"合取湖北"计划彻底落空。此后，洪秀全增调兵力，三次强攻围困安庆之敌，均为湘军所败。9 月 5 日，安庆被湘军攻陷。陈玉成退守庐州，束手无策。

1862年初，派扶王陈得才、遵王赖文光等赴河南、陕西招兵，皖北兵力更加单薄。李秀成率部再次进军上海，因英法侵略军与清军联合抵抗，未能得手。4月至5月间，江苏巡抚李鸿章率淮军六千五百人自安庆分抵上海，东线军事形势日渐严峻。5月，荆州将军多隆阿率清军来攻，陈玉成弃城走寿州，为团练头子苗沛霖诱擒，解送清营遇害。天京西部防线瓦解，东南方面却有所发展，太平军于年底攻占杭州及浙江大部地区。

1862年3月下旬，湘军水陆师两万余人从安庆沿江东下，5月底直抵天京城郊。洪秀全急令在上海前线督战的李秀成火速回援。9月，李秀成等"十三王"统率十余万人自苏州等地回救，急攻四十余日，未能取胜。

不久，洪秀全又责令李秀成率部"进北救南"，企图取道江北西入湖北，迫使围城湘军回救。李秀成部在西进途中遭湘军节节阻击，进至安徽六安被迫折返，途中又遭湘军拦截，损失精锐数万。

与此同时，李鸿章淮军在"常胜军"支持下，由上海西进，于1863年12月攻陷苏州、无锡，兵锋直逼常州。浙江巡抚左宗棠率部自江西攻浙江，于1864年3月攻陷杭州，并基本占领浙江全省。曾国荃部湘军则逐一攻占天京城外要点，对天京形成合围。苏州陷落后，李秀成自前线返回天京，面对天京外围要塞尽失,并苦缺粮食的糟糕情况,建议"让城别走",遭洪秀全拒绝,只得布置死守。

天京失守

1864 年 6 月 1 日,洪秀全在多日以野草充饥后病逝,幼天王洪天贵福继位。7 月 19 日,湘军轰塌天京太平门附近城墙十余丈,蜂拥入城,其他方向的湘军也缘梯而入,城内太平军或战死,或自焚,无一降者。李秀成、洪仁玕护送幼天王突围。李秀成让好马给幼主,混乱中与幼主失散,于同月 22 日在南京城外方山被俘,亲书供状数万字后(《李秀成自述》)于 8 月 7 日被曾国藩处死。

天京的陷落,标志着太平天国农民战争的失败,但分散在长江南北各个战场上的数十万太平军,仍英勇顽强地抗击清军的进攻。

幼天王在江苏东坝与洪仁玕相遇,经浙江进入江西,10 月分别被俘,11 月在南昌遇害。

活动于江苏、浙江、安徽南部的太平军,在侍王李世贤、康王汪海洋等带领下,转战于江西、福建、广东,最后于 1866 年 2 月在广东嘉应州(梅州)被清军击灭。

远征陕西的陈得才、赖文光等部太平军，在回救天京途中，于 1864 年 11 月在湖北、安徽境内为清军所败，余部由赖文光率领与捻军合编，坚持反清斗争，直至 1868 年失败。

疆域

太平天国武装力量先后发展到广西、湖南、湖北、江西、安徽、江苏、河南、山西、直隶、山东、福建、浙江、贵州、四川、云南、陕西、甘肃诸省，攻克过六百余座城市。

太平天国在建国后，改清廷"省、府、道、县"的行政区划方式为"省、郡、县"三级制，即取消"道"，改"府"为"郡"。太平天国后期领导人之一干王洪仁玕曾数次声称太平天国欲划分天下为二十一个省，这二十一省当是指清朝所设的十八省和东北三省，但太平天国各个时期的文献中提到的省却不止于此，另有苏福省、天浦省、桂福省和伊犁省（新疆）。洪仁玕还曾宣布，太平天国将在江南省设十二郡，其他省每省设十一郡，但这一构想脱离实际，没有、也不可能得到落实。

名人评价

孙中山：

朱元璋、洪秀全各起自布衣，提三尺剑，驱逐异胡，即位于南京。朱明不数年，奄有汉家故土，传世数百年而皇祀忽衰；洪朝不十余年，及身而亡。无识者，特唱种种谬说，是朱（元璋）非洪（秀全），是盖依成败论豪杰也。

本会以异族潜乱，天地惨黩，民不聊生，负澄清天下之任，使朱明之绪不绝，太平之师不燧，则犹汉家天下，政由己出，张弛自易。

五十年前太平天国即纯为民族革命的代表，但只是民族革命，革命后仍不免专制，此等革命不算成功。

洪氏之覆亡，知有民族而不知有民权，知有君主而不知有民主。

英国学者柯文楠（C.A.Curwen）：

太平天国是一场千百万穷苦农民为了生存，为了追求平等公平，以不惜牺牲的精神发起的革命运动，然而由于客观上的局限性，其政权制度并没有能很好地体现这一理想。

卡尔·马克思：

他们给予民众的惊惶比给予旧统治者的惊惶还要厉害。他们的全部使命，好像仅仅是用丑恶万状的破坏来对立于停滞腐朽。这种破坏没有一点建设工作的苗头，……显然，太平军就是中国人所描绘的那个魔鬼的化身。但是，只有中国才能有这类魔鬼。这类魔鬼是停滞的社会生活的产物。

重要影响

太平天国运动是中国近代史上规模巨大、波澜壮阔的一次伟大的反封建反侵略的农民运动，也是几千年来中国农民战争的最高峰。太平天国坚持了十四年，势力发展到十八个省，严惩了中外反动势力。太平军占领长江中下游富庶地区多年，战事波及半个中国，使清廷国力大伤。太平天国的事迹及它提出的一些主张，对日后反清革命有一定影响。由于它发生在鸦片战争之后这样一个新旧交替的年代，时代赋予它新的内容和意义，即在反封建主义的同时，又担负反对外来侵略的任务；同时太平天国的一些领袖主张学习西方，在中国发展资本主义，这种主张在当时是先进的。（引用：《论太平天国之兴衰》中华网军事 2013-10-21；《中国农民战争的最高

峰太平天国之兴衰》中国经济网 2013-10-21）

《天朝田亩制度》

《天朝田亩制度》是太平天国的纲领性文件，于 1853 年太平天国建都天京（今南京）后颁布。主要内容：废除封建土地所有制，规定了农民平分土地的原则；在农村设立兵农合一的乡官制度；废除封建买卖婚姻。纲领主张人人平等，男女平等，具有推翻封建土地制度的革命精神，但带有浓厚的绝对平均主义的空想，实际上并没有实行。

土地分配问题

内容：废除封建土地所有制，按人口和年龄平均分配土地。

原则："凡天下田，天下人同耕"、"无处不均匀，无人不饱暖"。

分配方式：以户为单位，不分男女，按人口和年龄平均分配。太平天国还将土地按产量的多少，分为九等，然后好坏搭配分配各户，并提出了丰荒相通，以丰赈荒的调剂方法。

产品分配问题

内容：实行圣库制度。

原则："天下人人不受私，物物归上主"。

方法：每户留足口粮，其余归圣库。

政治制度

太平天国的政治制度确认了君主政体，规定了中央和地方的政权组织体系；规定了官吏的铨选升降制度，创建了具有进步意义的乡官保举制度和保升奏贬制度；确认了兵农合一的制度。

婚姻制度

内容: 宣布废除封建买卖婚姻，主张"凡天下婚姻不论财"。

在仪式上废除"旧时歪例"，由两司马祭告天父上主皇上帝，采宗教形式举办婚礼。

诉讼审判制度

内容：规定了普通诉讼的司法程序，采取层层上报、天王主断的形式，各级行政长官兼有司法审判权。

洪秀全简介

洪秀全（1814.1.1—1864.6.1），是太平天国以驱逐侵略者恢复祖国的名义发动太平天国复国运动的领袖，原名火秀，族名仁坤，生于广东花县福源水村，后来移居到官禄布村，是汉族客家人。

洪秀全生于耕读世家，7岁起在村中书塾上学，熟读四书五经及其他一些古籍。父老乡亲都看好洪秀全可考取功名光宗耀祖。可是他屡应科举不中，后吸取早期基督教义中的平等思想，但因其受封建思想影响较大创立的拜上帝会仍旧有着十分严格的等级制度。他撰《原道救世歌》以布教，主张建立远古"天下为公"盛世。洪秀全建立太平天国，称天王，1853年以南京作为首都，改名天京。太平天国前期，军政大事由军师东王杨秀清负责，洪秀全退居幕后少理朝政。天京事变及翼王出走后，洪秀全虽然掌握了朝政大权，太平天国却开始走下坡。洪秀全重用陈玉成、李秀成诸后起良将，自兼军师，又采取减赋和加强宗教宣传等措施，渡过难关。1863年冬，天京为清军围困，粮尽援绝，洪秀全拒绝李秀成突围的建议，固守天京。1864年6月逝世。

洪秀全通过制定严厉的刑罚来禁止鸦片的买卖，起到了良好的效果。在主权原则上，洪秀全对清朝签订的丧权辱国的不平等条约一概不认可。

前期七王表

爵号	姓名	袭爵
禾乃师赎病主左辅正军师东王	杨秀清	天王第五子洪天佑承嗣，称幼东王九千岁，天京陷落后不知下落。
右弼又正军师西王	萧朝贵	长子萧有和袭爵，称幼西王八千岁，天京失陷后，突围至湖熟镇牺牲。
前导副军师南王	冯云山	西王二子萧有福承嗣，称幼南王七千岁，天京失陷后，突围至湖熟镇牺牲。
后护又副军师北王	韦昌辉	以罪诛，爵除。
左军主将翼王	石达开	
燕王	秦日纲	以罪诛，爵除。
豫王	胡以晃	子胡万胜袭爵，称幼豫王。